L'ABBÉ REDON

VICAIRE GÉNÉRAL

LE RÉVÉREND PÈRE

MARIE-BENOIT BARNOUIN

SUPÉRIEUR

DU MONASTÈRE DE LA CAVALERIE

Aperçu historique sur la Cavalerie

AVIGNON

AUBANEL FRÈRES, IMPRIMEURS DE N. S. P. LE PAPE

ET DE MONSEIGNEUR L'ARCHEVÊQUE D'AVIGNON

1900

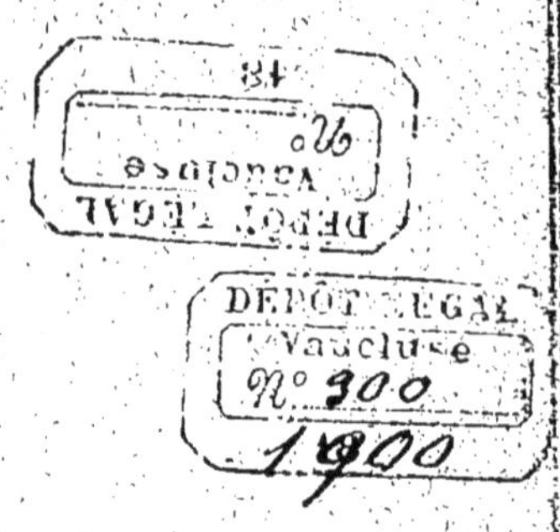

LE RÉVÉREND PÈRE

MARIE BENOIT BARNOUIN

SUPÉRIEUR DU MONASTÈRE DE LA CAVALERIE.

L'ABBÉ REDON

VICAIRE GÉNÉRAL

LE RÉVÉREND PÈRE

MARIE-BENOIT BARNOUIN

SUPÉRIEUR

DU MONASTÈRE DE LA CAVALERIE

Aperçu historique sur la Cavalerie

AVIGNON

AUBANEL FRÈRES, IMPRIMEURS DE N. S. P. LE PAPE

ET DE MONSEIGNEUR L'ARCHEVÊQUE D'AVIGNON

1900

I

APERÇU HISTORIQUE SUR LA CAVALERIE

1º Les Templiers à la Cavalerie

A une heure de marche, à l'est de la Bastide-des-Jourdans, à quelques pas en deçà d'un ravin qui fait la limite des départements de Vaucluse et des Basses-Alpes, au débouché des vallées bien exposées au midi, qui, au dessous du village de Montfuron (1), descendent de la montagne du Luberon ; on voyait, il y a une cinquantaine d'années, autour d'une église romane dont les murs étaient bien conservés, les ruines d'un ancien couvent, connu dans la contrée sous le nom de *La Cavalerie*. C'était une ancienne Commanderie des Templiers.

Cet Ordre de chevalerie fut fondé en 1118 par Hugues de Paganis, auquel se joignirent d'abord huit chevaliers. On leur donna le nom de Templiers, parce qu'ils habitaient, près du Temple de Salomon, une maison que Baudouin II, roi de Jérusalem, leur avait donnée.

L'œuvre qu'ils entreprenaient était de défendre la Terre Sainte contre les infidèles, et de protéger les nombreux pèlerins qui venaient la visiter. Ils s'y dévouèrent avec

1. Montfuron, *mons furum*, montagne des voleurs. Est-ce pour expulser ces voleurs, que les Templiers seraient venus s'établir dans cette vallée ?

ardeur, et leur Ordre fut bientôt très florissant. Guillaume, archevêque de Tyr, écrivait à la fin du XIIe siècle : « qu'il n'y avait lieu en la chrétienté, où les Templiers n'eussent des biens, et que leurs richesses étaient comparables à celles des rois. »

Ils avaient des maisons dans tous les pays chrétiens et surtout en France. Ils possédaient de grands biens dans la haute Provence, au Revest, à Vachères, à Reillanne, et dans le bailliage de Pertuis, à la Tour-d'Aigues, et surtout à la Bastide-des-Jourdans, où ils avaient les domaines de la Cavalerie et de Limaye. Une ordonnance royale de 1660, conservée aux archives de la commune de la Bastide-des-Jourdans, indique que les Templiers avaient, en 1273, là où s'est formé le village, une maison de campagne, *bastida* en provençal, qui fut appelée en latin *Bastida Jordanorum*, la Bastide des Chevaliers qui venaient de guerroyer sur les bords du Jourdain.

Etant devenus riches, les Templiers trouvèrent dans leur opulence la cause de leur décadence et de leur ruine. A la fin du XIIIe siècle, de graves accusations par rapport à la foi et aux mœurs pesaient sur eux. Les Papes Grégoire IX et Nicolas IV manifestèrent l'intention de les réformer ou de les unir aux Hospitaliers.

Le jour même du couronnement de Clément V, à Lyon, 14 novembre 1305, Philippe le Bel, lui dénonça la conduite des Templiers, et lui demanda d'instruire leur procès ; il lui renouvela bientôt plusieurs fois sa demande. Les Templiers, se voyant suspectés, réclamèrent eux-mêmes le jugement du Saint-Siège.

Comme le Pape ne se pressait pas, le roi de France, agissant comme défenseur de l'Eglise et de la foi catholique, mais n'étant pas sans besoin d'argent ni sans quelque convoitise des richesses des Templiers, fit arrêter et incarcérer le même jour, 13 octobre 1307, tous ceux qui résidaient dans son royaume ; il fit saisir leurs biens et commencer leur procès ; et il écrivit aux rois et aux princes, pour les engager à imiter son exemple.

Comme il s'agissait d'un Ordre religieux, qui avait des maisons dans toute la chrétienté et dépendait du Pape, Clément V se plaignit vivement au roi, et revendiqua le droit qu'il avait seul de procéder au jugement des Templiers. Philippe le Bel interrompit ses poursuites, et le Pape craignant que les autres princes ne suivissent l'exemple et les invitations du roi de France, et voulant sauvegarder ses droits, adressa, le 22 novembre 1307, à tous les rois et princes chrétiens, la lettre *Pastoralis præeminentiæ*, dans laquelle il leur demandait d'arrêter en son nom, et de tenir sous bonne garde tous les Templiers, qui étaient dans leurs royaumes et principautés, dont il se réservait le jugement ; de saisir leurs biens et de les confier à des personnes fidèles, pour les garder au nom du Saint-Siège, qui se réservait d'en déterminer l'emploi.

Nostradamus, dans son Histoire de Provence, page 324, rapporte que Charles II le Boiteux, roi de Naples et comte de Provence et de Forcalquier, se trouvait à Marseille, lorsqu'il reçut la lettre du Pape, et qu'il ne tarda pas d'envoyer à tous les juges, viguiers et officiers de ses comtés de Provence et de Forcalquier, des *lettres closes* avec cette instruction : « Nous vous envoyons nos lettres closes, et Nous vous enjoignons, sur la peine de la confiscation de vos corps et de vos biens, de les garder très secrètement, sans en parler à personne et sans les ouvrir, jusqu'au XXIII du présent mois de Janvier. — A ce jour, je vous marque que, avant qu'il soit clair, voire plutôt en pleine nuit, vous les ouvrirez, pour, après lecture faite, mettre exactement leur contenu à exécution, ce même jour, sans aucune faute, Nous certifiant, par écrit de la main de l'un de vous, de ce que fait en aurez. »

« Donné à Marseille le XIIIe jour de janvier, sous notre
petit scel. »   Signé : CHARLES.

Les lettres closes parlaient ainsi :

« Charles par la grâce de Dieu, roi de Naples et de
Sicile, comte de Provence, de Forcalquier et terres adjacentes, à tous nos officiers salut.

« Suivant l'exprès Mandement de Notre Saint Père le
Pape, à Nous secrètement envoyé, Nous vous commandons
par ces présentes, si comme à chacun de vous appartiendra,
que, incontinent icelles reçues, sous peine de confiscation
de corps et de biens, vous preniez et fassiez prendre et
saisir au corps tous les Templiers de Notre Comté de
Provence, Forcalquier et terres adjacentes, les mettiez ou
fassiez mettre et traduire, avec bonnes et sûres gardes, à
leurs despens, ès prisons les plus fortes et sûres que vous
adviserez. Et néanmoins leurs biens, meubles et immeubles,
debtes, noms, actions et droits quelconques, vous mettiez
par description inventaire, députant bons et louables commissaires, pour iceux régir et gouverner, jusqu'à ce que
autrement par Sa Sainteté ou par Nous en ait été ordonné ;
tellement que de tout le contenu en notre présente commission, vous procédiez à l'exécution d'icelles, sans dissi-
mulation aucune. »

« Donné à Marseille, le XIII janvier de l'an de grâce
MCCCVIII. »

En vertu de ces patentes secrètes, tous les Templiers qui
étaient dans le Comté de Provence et de Forcalquier furent
saisis le 23 janvier 1308.

Il y a aux archives départementales des Bouches-du-
Rhône : 1308 B. 151, les procès verbaux de la saisie et de
l'incarcération des Templiers de la Bastide-des-Jourdans.
Le 23 janvier 1308, Maître Martin Triboulet, bailli de
Pertuis, Guillaume Gaufredi, juge du même lieu, le notaire
Raymond de Cabrières, des hommes de loi Pierre Mayol

et Guillaume Jacobi, des gens d'armes Fulcon de Tourna-
fort, Jaufroy Cascanelli et Boniface de Reillanne, avec
plusieurs autres personnes honorables et dignes de foi,
se rendirent à Limaye (1), maison des Templiers à la
Bastide-des-Jourdans, et y trouvèrent quatre chevaliers :
Raymond Lautaudi, Raymond Salvayre, Pierre Lautaudi
et Ugo Afizalli.

En leur présence, Maître Triboulet fit l'inventaire de leur
mobilier : « divers objets de sacristie et d'église, entr'autres une grande croix qui renfermait une parcelle de la
vraie croix... des arbalètes, des besaces, des tonneaux de
vin vides ou à moitié pleins » qui ne démentaient pas le
dicton dès lors accrédité : *boire comme un Templier*.
L'inventaire énumère aussi « 20 chevaux, 14 bœufs
arants, 20 autres bêtes bovines, 10 trenteniers et demi de
bêtes à laine, et 50 chèvres... » Le bailli rendit une
ordonnance, d'après laquelle quiconque avait reçu des
Templiers de l'argent ou autre chose, en prêt ou
en commende, devait le restituer à la Cour. Devant toutes
les personnes présentes, il fit donner lecture de l'inventaire
aux quatre chevaliers, et leur demanda à qui ils voulaient
donner la garde de leur maison et de leur domaine. Ceux-ci,
après avoir conféré entre eux, demandèrent de la confier à
Bertrand Alphanti et Raymond Berbeger, leurs voisins qui
connaissaient aussi bien qu'eux-mêmes leur maison et leurs
biens.

Les quatre chevaliers saisis à Limaye, ainsi que Bernard
Torrès, le seul chevalier qu'on trouva à la Tour d'Aigues,
furent le même jour conduits à Pertuis, où ils furent incar-
cérés dans la forteresse royale. Maître Triboulet les remit
entre les mains de Raymond Constantin et Pierre Ginesta,
qui devaient les garder fidèlement, ne jamais les perdre

(1) Limaye était une maison de campagne et un petit village où se trouvait
la Cavalerie.

de vue, et de ne pas les laisser dépasser la seconde porte et la barbacane.

Les Templiers ne restèrent pas longtemps à Pertuis. Maître Triboulet, ayant reçu du roi Charles l'ordre de les traduire à Aix, vint, le 9 février, régler le compte des dépenses faites par eux et leurs gardiens, depuis le 23 janvier. Elles se montèrent à 67 sols.

Les chevaliers demandèrent que, parmi les objets inventoriés, on leur rendit ceux qui leur étaient nécessaires ; et le bailli, qui avait bon cœur, *pietate motus,* leur fit restituer quatre chemises, quatre caleçons (*femoralia*) et trois chapeaux pour la pluie (*capellos pluviales*). Il paraît qu'alors les parapluies n'étaient pas encore inventés.

Ce même jour, Maître Triboulet conduisit les cinq Templiers à la maison du Temple à Aix, où il les remit au noble Seigneur Pierre Gantelme, viguier du roi de Provence.

D'après les ordres du Pape Clément V, le procès des Templiers fut commencé, les informations durèrent plus de trois ans, et la cause fut discutée et jugée au Concile de Vienne, qui s'ouvrit le 1er octobre 1311. Le Pape, dans le Consistoire secret du 22 mars 1312, par sa bulle *Vox in excelso*, procédant non par manière de sentence définitive, mais par voie de provision et d'Ordonnance Apostolique, abolit l'Ordre des Templiers, le soumettant, avec l'approbation du saint Concile, à une prohibition perpétuelle (1). Il publia cette bulle, le 3 avril, dans la seconde session du Concile, à laquelle assista Philippe le Bel avec plusieurs Princes ; le 2 mai, par la bulle *Ad providum*, il attribua les biens des Templiers aux Hospitaliers de St-Jean, qui venaient de s'emparer de l'île de Rhodes, et qu'on appela ensuite chevaliers de Rhodes et chevaliers de Malte ; il conservait

____

(1) Non per modum definitivæ sententiæ, sed per modum provisionis et ordinationis Apostolicæ præfatum Templi Ordinem tollimus, ac perpetuæ prohibitioni subjicimus, sacro Concilio approbante.

ainsi ces biens à leur première destination, à la défense de la Terre Sainte, à la lutte contre les infidèles ; enfin par la bulle *Ad certitudinem*, publiée le 6 mai, il se réservait le jugement du grand-maître des Templiers et des principaux dignitaires de l'Ordre, et il renvoyait les autres au jugement du Concile de leur province, voulant que la rigueur de la justice soit adoucie par la miséricorde (1), que ceux qui seront reconnus innocents soient honnêtement entretenus sur les revenus de l'Ordre, que ceux qui auront confessé leurs fautes soient traités avec indulgence, et que ceux qui auront persisté à nier leur culpabilité soient logés dans les maisons de l'Ordre, ou à ses dépens.

En définitive, dit Rohrbacher (*Histoire de l'Église,* livre LXXVII), la plupart des Templiers furent rendus à la liberté. Un grand nombre d'entre eux entrèrent dans l'Ordre de St-Jean, et conservèrent les mêmes dignités qu'ils avaient dans celui du Temple. Ainsi Albert de Blacas, Prieur d'Aix, conserva, sa vie durant, la commanderie de St-Maurice, comme Prieur des Hospitaliers.

2° Les Chevaliers de Malte
et les Seigneurs de La Bastide-des-Jourdans à la Cavalerie
1313-1706

Dans le cours du XII° siècle, les Hospitaliers, qui furent appelés Chevaliers de Malte, avaient reçu des comtes de Forcalquier la terre, château et bourg de Manosque, avec divers droits et possessions aux terroirs de Beauvezer, Grambois, Beaumont, Corbière, Ste-Tulle, Dauphin, La Roque, Voulx et Montagut. Lorsqu'ils eurent été mis en possession des biens des Templiers, la Commanderie de Manosque eut sous sa dépendance Limaye et la Cavalerie

---

(1) Ut rigor justitiæ misericordià mitigaretur, et sustentationis Templariorum cura haberetur.

à la Bastide-des-Jourdans, les Iscles de la Durance, et le Bourguet à Reillanne. Elle était alors une des plus riches de l'Ordre, mais au XVIe et au XVIIe siècle, elle était devenue une des plus médiocres, elle avait aliéné une bonne partie de ses droits et de ses domaines, pour contribuer aux grandes dépenses que les Chevaliers étaient obligés de faire, dans leur lutte contre les infidèles.

Le Visiteur du bailliage de Manosque, dans sa visite de 1635, relata que le dit bailliage possédait autrefois le membre de la Cavalerie et de Limaye, mais que le chevalier de Glandèves Pepin, bailli de Manosque, par acte du 10 juin 1615, notaire Antoine Giraud à Manosque, avait inféodé ces deux domaines à noble Jean Louis de Coriolis, Seigneur dudit Limaye et de la Bastide-de-Jourdans, sous la cense de huit florins et sept sols.

Mais dans la visite de 1681, le fermier de la Cavalerie faisait observer que l'acte du 10 juin 1615 n'était qu'une confirmation d'aliénations antérieures. En effet aux archives des Bouches-du-Rhône on trouve mentionnés: 1° l'acte du *nouveau bail* reçu le 28 avril 1487 par Me Clémenti, notaire à Manosque, et par lequel la jouissance du membre de la Cavalerie était donnée à Jean Fauveau, et 2° l'acte d'inféodation du même domaine faite, le 11 mai 1503, à noble George Astaudi.

Pendant tout le XVIIe siècle, la Cavalerie fut possédée, à titre de fief, par les de Coriolis de Limaye, Seigneurs de la Bastide-des-Jourdans.

Le 24 mars 1702, par acte reçu par Me Bioule, notaire à Aix, Messire Joseph de Coriolis, baron de Limaye, Seigneur de la Bastide-des-Jourdans et autres lieux, Président de la Cour des Comptes, aydes, et finances de ce pays de Provence recognait à M. le bailli de Manosque le membre de la Cavalerie, reconnu par acte du 10 juin 1615 par son bisaïeul, noble Jean Louis de Coriolis, à la cense de huit florins et demi, tous les ans payables à la fête de Noël.

De concert avec M. Morellet, curé de la Bastide-des-Jourdans, le Président de Coriolis forma le projet de faire de la Cavalerie un monastère de *Frères laboureurs*, pour encourager les agriculteurs des environs, les édifier, les diriger et les aider dans leurs travaux.

A cette époque, il y avait au monastère de St-Hilaire à Ollières, près de St-Maximin, dans le diocèse de Fréjus, une Communauté de Religieux Bénédictins, appelés *Frères Hermites*, fort estimés, soit pour leur habileté dans la culture des champs, soit pour la régularité et la sainteté de leur vie. C'est au Prieur de ce monastère, le Frère Antoyne Trompey que M. de Coriolis demanda quelques Religieux, pour l'établissement qu'il voulait fonder. Le 7 septembre 1706, par acte reçu par Me Brunet, notaire royal à la Bastide-des-Jourdans, ledit Seigneur Président « étant bien et dûment informé de la vie exemplaire et pénitente du Père Isaac Martin, frère Antoyne Trompey, et de ses confrères, qui ont renouvelé de nos jours ce qui était pratiqué par les anciens Pères du désert, et qui, pour n'estre pas à charge au peuple, pourvoyent à leur entretien, par le travail de leurs mains ; voulant contribuer à leur saint establissement, pour avoir part aux prières et aux bonnes œuvres desdits solytaires, a, de son plein gré, donné à *nouveau bail* (1), et emphytéose perpétuelle, sous le bon plaisir de Mgr l'Archevêque d'Aix, au dit Antoyne Trompey, assisté du frère Mathieu Boullet, et leurs successeurs, l'affard de terre et tènement, que feu Messire Claude de Coriolis, Seigneur desdits lieux, avait retenu par droit de prélation, l'an 1560, dans le terroir dudit Limaye, quartier de la Cavalerie, avec tout le batiment et la vieille église qui s'y

---

1. Sous le régime féodal, le *bail* simple était à terme, mais le *nouveau bail* était une convention, par laquelle un Seigneur cédait la jouissance d'un domaine, pour un long terme, ou même à perpétuité, sous la réserve d'une redevance ou de certaines conditions.

trouvent ; pour en jouir, eux et leurs successeurs, en qualité d'usufruitaires seulement ; demeurant le domaine et la propriété du fond audit Seigneur et à ses successeurs, et tiendront le tout, sous la mayeur, directe, seigneurie et juridiction dudit Seigneur, des siens et d'iceux ayant cause, à la charge de leur payer la tasque de tous les grains recueillis dans ledit tennement, laquelle tasque sera prise sur l'aire à grains, net, avant que d'en rien livrer ; plus payeront lesdits *Frères* un demi panal beau bled de cense, pour chacune saumée de terre en pré, vigne, verger et jardin, qui sy trouvent déjà, ou que l'on fera....

« Seront obligés lesdits *Frères* de résider dans ledit tennement, de le cultiver eux-mêmes, sans pouvoir l'arranter, ni transporter ailleurs les fruits et denrées qu'ils recueilleront, pour l'entretien d'une autre Communauté, mais en feront la consommation audit lieu, à peine de la privation d'iceux, hormis de la charité fraternelle, qu'ils pourront exercer sans préjudice de ladite maison... Ils ne pourront vendre ni aliéner ledit tennement ni parti d'icelui, pas même en faveur d'aucune Communauté religieuse, sous prétexte de fondation, ni en faveur d'aucun particulier, à titre de vente, d'échange ou autrement, à peine de nullité, et de réunion des objets aliénés au domaine dudit Seigneur.

« Ils ne pourront faire aucune quête audit lieu de Limaye, ni ailleurs, mais ils seront obligés de pourvoir eux-mêmes à leur entretien par le travail de leurs mains. Ils ne pourront avoir, eux et leurs successeurs, aucune part aux affaires de la Communauté, entrer dans le conseil d'icelle, ni faire aucune fonction publique, ni se mêler d'aucune sorte d'affaire... Ils seront obligés de passer reconnaissance des terres ci-dessus données, sous les pactes et conditions exprimés, toutes les fois qu'ils en seront requis.

« Ne pourra être donné aucun trouble audits *Frères* par ledit Seigneur et les siens ; et en cas de trouble, veut ledit

Seigneur que les biens qu'il a acquis à la Bastide et Limaye soient subrogés à la place de ceux aliénés par le présent acte, et qu'il soit tenu compte aux *Frères* de toutes dépenses, dommages et intérêts.

« Se réserve ledit Seigneur pour lui et les siens le droit de faire un appartement dans la maison que les *Frères* feront construire, un jardin pour son usage particulier, et tous les droits honorifiques dans ladite maison et chapelle, pour lui et les personnes de sa famille, en qualité de Seigneur et de bienfacteur, et comme donnant lieu à ce saint établissement, en considération duquel les *Frères* prieront pour ledit Seigneur et sa famille.

« La vieille église ou chapelle, qui sera rétablie par les *Frères*, ne pourra jamais être érigée en bénéfice ou prieuré, ni estre tenue et possédée, non plus que les susdits biens, par autre que par lesdits *Frères* et leurs successeurs, qui ne pourront à l'avenir acquérir aucun affranchissement de la juridiction et redevance convenues ci-dessus, et s'il leur était accordé, les dits *Frères*, tant pour eux que pour leur successeurs, consentent que ledit affranchissement soit nul et de nulle valeur...

« Et sera ladite maison et chapelle sous le titre de *Notre-Dame de la Retraite*, pour la solennité en être faite, autant qu'il convient à la simplicité et pauvreté desdits *Frères Hermites*, le 1er jour de l'an, jour de la Circoncision; le 8 septembre, jour de la Nativité de la Sainte Vierge ; et le 19 de mars, jour de la fête de St-Joseph ; auxquels jours sera dit par les *Frères*, immédiatement après leur communion, les litanies du St-Nom de Jésus, de la Sainte-Vierge et de St-Joseph, pour demander les secours du ciel et les grâces nécessaires audit Seigneur Président, et aux personnes de sa famille, pour faire sûrement leur salut...

« Ainsi stipulé et convenu de pacte exprès ; entre les parties, sans quoi ledit Seigneur Président n'aurait fait le présent *nouveau bail*.

« Acte fait, à La Bastide, dans le château dudit Seigneur Président, en présence de Martin Morellet églésiastique, et Jean Claude Clapier, marchand et consul moderne, témoins requis et signés avec lesdites parties : Baron de Limaye, Antoyne Trompey, Morellet, Mathieu Boullet, J. Clapier, et nous notaire Brunet. »

3° Les Frères Hermites, Religieux bénédictins à la Cavalerie
1706-1792

En vertu du *bail nouveau*, qui, moyennant une modique redevance, leur assurait la jouissance perpétuelle de la Cavalerie, les Frères Hermites de Saint-Hilaire d'Ollières, ne tardèrent pas de venir s'y établir. Ils eurent pour premier Supérieur le *Frère Mathieu Boullet*, religieux aussi distingué par sa vertu que par sa capacité. Ils se mirent à l'œuvre avec ardeur, et en peu de temps, ce vallon, qui n'était qu'un hermas stérile, redevint riant et fertile, grâce aux soins et aux labeurs des *Frères Hermites* et de leur digne chef. La vie de ce Religieux bénédictin a été écrite avant la Révolution, mais elle n'a jamais été imprimée, M. l'abbé Moutonnet en a publié le passage suivant, dans un journal d'Avignon, la *Commune,* n° du 19 mai 1850.

« De nombreux vieillards de la Bastide des Jourdans et des pays voisins ont assuré, qu'avant l'arrivée du Frère Mathieu et de ses confrères, il n'y avait à la Cavalerie qu'une antique chapelle, avec de vieilles masures et des tas de décombres, restes d'un édifice qui avait été bâti par les Chevaliers du Temple. Les terres environnantes étaient incultes et ne produisaient que des ronces et des épines, des touffes de thym et quelques rares arbustes. Ces vieillards regardaient comme un prodige l'étonnante transformation de ces lieux, où ils voyaient une église bien restaurée, ornée et décorée, un vaste couvent bien distribué, une ferme très bien aménagée, et, tout autour, des terres cultivées avec soin. On avait créé des jardins, des vignobles et des vergers plantés d'oliviers et d'autres arbres fruitiers, on avait trouvé et amené des eaux abondantes pour boire et pour arroser les jardins et les prairies. Cette métamorphose surprenante était le résultat du travail journalier du frère Mathieu et de ses *Frères Hermites*. Ils vivaient du fruit de leur travail, sans être à charge à personne. Leur Règle était à peu près celle de la Trappe ; ils jeûnaient trois fois la semaine, et ne mangeaient de la viande que lorsqu'ils étaient malades ; ils gardaient le silence et partageaient leur temps entre la prière, la méditation des choses divines, l'Office de la sainte Vierge, qu'ils chantaient ou récitaient suivant les saisons, et les travaux des champs. Ils se chargeaient d'élever quelques enfants pauvres du voisinage, dans la crainte de Dieu et l'amour du travail. Ils faisaient beaucoup d'autres bonnes œuvres dans le pays, et répandaient au loin la bonne odeur de Jésus-Christ, par les vertus qu'ils pratiquaient.

« Leur monastère devint bientôt la Providence de toute la contrée. Tout leur superflu était employé au soulagement des pauvres, et leur hospitalité était toujours gratuite. Y avait-il aux environs un laboureur dans l'impuissance de se procurer la semence nécessaire à son champ ? Il venait frapper à la porte du monastère dont les greniers s'ouvraient toujours à l'honnête indigence. On y conservait toujours le blé des deux dernières années, pour subvenir aux besoins imprévus des habitants de la contrée. Y avait-il quelque *bastidan*, c'est-à-dire un fermier, un habitant des bastides voisines, qui, étant malade, ne pouvait préparer ses champs pour les ensemencer, ou en faire la récolte ? Les Religieux de la Cavalerie partaient avec les mulets du monastère, et bientôt la terre du fermier malade était préparée, ensemencée, moissonnée, par amour pour le bon Dieu, qui nous a aimés jusqu'à mourir pour nous sur la croix, et qui a dit à ses disciples : Ce que vous ferez au moindre des miens, c'est à moi que vous le ferez.

« Le souvenir du frère Mathieu et de ses Religieux est toujours resté gravé au cœur des habitants de cette contrée, en caractère ineffaçables de reconnaissance et d'amour. »

Les *Frères Hermites* exécutèrent fidèlement toutes les clauses du *nouveau bail*, qui les avait établis usufruitiers perpétuels de la Cavalerie ; ils réparèrent la chapelle et le vieux monastère ; ils défrichèrent et cultivèrent avec soin les terres du tennement ; ils gagnaient leur vie par le rude travail de leurs mains, et loin d'être à charge aux populations voisines, ils étaient toujours prêts à leur accorder de généreux secours, et ne cessaient de les édifier par le bon exemple de leur vie laborieuse et de leurs vertus.

De leur côté les de Coriolis, qui restaient Seigneurs de la Cavalerie, furent fidèles à l'engagement, qu'ils avaient pris de garantir aux *Frères* les droits d'usufruit, qu'ils leur avaient cédés, et de les défendre, contre ceux qui viendraient les troubler dans la jouissance de leurs droits.

Le 5 janvier 1747, Bernard de Roquette Buisson, chevalier grand croix de l'Ordre de St-Jean de Hiérusalem, bailli de Manosque, se croyant Seigneur suzerain de la Cavalerie, présenta une requête à la Cour d'Aix, « à l'effet de faire ordonner que, sans s'arrêter à l'acte du 7 septembre 1706, par lequel M. le Président de Coriolis avait donné à *nouveau bail* le domaine de la Cavalerie aux *Frères Hermites* de St-Hilaire, en se réservant des censives, directes et droits en dépendant, qui appartenaient au bailli de Manosque, le Supérieur ou économe des *Frères Hermites* serait condamné au payement des arrérages des censives dus au sieur Bailli, suivant une précédente reconnaissance de 1702 ».

Ce fut un long procès que les *Frères Hermites* eurent à soutenir. Il s'agissait de décider, si le domaine de la Cavalerie appartenait à M. de Coriolis Limaye, à titre de fief, ou s'il lui avait été donné par les baillis de Manosque seulement à titre emphytéotique.

Sur le rapport du conseiller de Boades, la Cour rendit, le 30 juin 1753 un arrêt qui condamna l'Econome des Frères Hermites, à passer reconnaissance, en faveur de M. le bailli de Manosque, aux charges et devoirs mentionnés aux titres antérieurs à celui de 1706, à payer le lods dû pour raison de l'acte de 1706. Cet arrêt avait jugé que M. le Président de Limaye, ne possédant le domaine de la Cavalerie qu'à titre emphytéotique, n'avait pu, en le transportant aux *Frères Hermites*, se réserver une directe en sa faveur, ni établir à son profit de nouvelles charges dépendantes de cette directe.

Mais le Président de Coriolis Limaye, qui n'avait point paru dans ce procès, attaqua l'arrêt du 30 juin 1753, en sa qualité de tiers non ouï, et présenta trois titres intervenus en 1503, 1504 et 1506, et portant concession du domaine de la Cavalerie. Les conseils des chevaliers de Malte examinèrent ces titres, reconnurent qu'ils renfermaient une vraie inféodation du domaine de la Cavalerie, et que le principe sur lequel avait été rendu l'arrêt de 1753 étant renversé, il fallait consentir à la révocation de cet arrêt et à l'exécution du *nouveau bail* de 1706 ; mais que néanmoins, étant vrai que les auteurs de M. Coriolis Limaye, ayant contrevenu à la clause insérée dans ces titres, et portant prohibition de transporter la Cavalerie à des gens de mainmorte et autres personnes prohibées, il fallait exécuter cette clause, et qu'il convenait que M. de Limaye se soumît, dans le cas de vente du fief, à ce que le lods fût payé au bailli de Manosque, tout comme si les biens désemparés aux *Hermites* de St-Hilaire, et par eux possédés, étaient soumis au droit d'indemnité ou demi lods.

Ces conclusions ayant paru justes à M. de Limaye, un acte de transaction fut passé, le 13 avril 1775, devant Me Rambot, notaire à Aix ; par lequel « le bailly Dominique Gaspard Balthazard de Gaillard, chevalier grand croix de l'Ordre de St-Jean de Hiérusalem, procureur général dudit Ordre, contractant sous le bon plaisir de ses Supérieurs du grand Prieuré de St-Gilles, — et Messire Joseph Paul Pie Ignace de Coriolis, baron de Limaye, Marquis de St-Jalle, Seigneur de la Bastide-des-Jourdans et autres terres, procureur fondé des *Hermites* de St-Hilaire, établis dans le domaine de la Cavalerie, par acte du 1er avril courant reçu par M. Clapier, notaire à la Bastide-des-Jourdans :

« Lesquels ont convenu et accordé que l'arrêt du 30 juin 1753 soit regardé comme nul et non avenu, que l'acte du 7 septembre 1706 sorte tous ses effets, comme si la cassation n'en avait pas été prononcée.,.. que le fief de la Cavalerie demeurera toujours sous la mouvance des baillis de Manosque, avec la charge et la condition expresse que si le Seigneur de Limaye ou ses successeurs venaient à vendre le fief de la Cavalerie, par un titre donnant ouverture au droit de lods, ce droit sera payé par les acquéreurs aux baillis de Manosque.

« Et venant au compte des sommes payées à différentes reprises par les *Hermites* de la Cavalerie, en exécution de l'arrêt de 1753, il a été vérifié qu'ils avaient payé 600 livres, desquelles il faut déduire 300 livres encore dues des dépens. Il est convenu que la somme de 300 livres sera payée aux dits *Hermites* dans deux mois comptables d'aujourd'hui....

« Au moyen de ce, les parties s'entrequittent de toutes plus amples prétentions sur cet objet, avec promesse de ne plus se rechercher ni directement ni indirectement... »

Enfin débarrassés de ce procès, qui avait duré près de trente ans, les *Frères Hermites* continuèrent à la Cavalerie leur vie de prière, de travail, d'édification et de charité.

Mais bientôt arriva la Révolution de 1789, avec sa longue suite de désastres et de malheurs. En confisquant le monastère de Notre-Dame de l'Hermitage à la Cavalerie, elle ne commit pas seulement un crime contre la religion, elle en commit un surtout contre l'humanité. Les Religieux, qui étaient la Providence du pays, furent dispersés, leur monastère, avec les terres qui l'entouraient, fut mis en adjudication et vendu comme bien national, à Apt, le 8 germinal de l'an III, (28 mars 1795), par l'agent national Gardiol et les membres du directoire du district d'Apt, Michel Isnard, Chabran et Durouges.

Dans l'acte de vente par adjudication il est dit que « La Cavalerie est un domaine national de première origine, situé dans la commune de la Bastide-des-Jourdans, et provenant des ci-devant Religieux, dits de la Cavalerie, et consistant en terres labourables complantées de quelques choux et arbres fruitiers, à un enclos de vigne, à un verger et terres incultes et hermassides, à deux bâtiments : l'un appelé le ménage, et l'autre l'habitation desdits *Hermites*, distants l'un de l'autre de quelques cents pas ; que la contenance totale du domaine est de 100596 cannes, faisant 5 saumées 7 éminées et 1 cosse, dont 31963 cannes en hermas inculte, 4979 cannes en verger, 1257 cannes en terres arrosables et prés, 5253 cannes en vignes, et le reste en terres labourables, estimé le tout au rapport des citoyens Dominique Roman et François Boyer à la somme de 14733 livres. »

Les enchères s'ouvrirent sur l'offre de 20 mille livres faite, le 6 nivose précédent, par le citoyen Savournin de Lourmarin. Les citoyens Clapier, J. Ripert, Jarjau de Reillanne, Mertau, Giraud, Jacques Luc et Larmet se disputèrent la Cavalerie, et en firent monter le prix ; mais le citoyen Melchior Arquier, orfèvre à Marseille, en offrit 115 mille livres. Son offre ne fut pas dépassée, et la

Cavalerie lui fut adjugée. On ne doit pas s'étonner que la Cavalerie soit montée à un tel prix, parce qu'il y avait de grandes facilités pour le payement. Les trois quarts du prix étaient payés en six annuités égales, et le premier quart était payé en entrant en jouissance. De plus on pouvait payer en assignats, et bientôt avec dix sous de monnaie on avait un assignat de cent francs. Ainsi le Gouvernement ne retirait presque rien de la vente des biens du clergé, qui ne portaient pas grand bonheur à ceux qui les achetaient.

La Cavalerie passa en peu de temps entre les mains de divers possesseurs. Ils n'y firent pas fortune. Bientôt les bâtiments tombèrent en ruine, et les terres redevinrent incultes et stériles. Vers 1846, ce domaine était la propriété d'un habitant de Pertuis, M. Sibon, qui le vendit à M. Camille Guillibert, alors juge au tribunal d'Apt, dont il fut ensuite président. Il avait payé la Cavalerie 25 mille francs ; il la céda bientôt, au même prix, à MM. Figuière et Conil, d'Aix.

4° Restauration de la Cavalerie en 1848

En 1846, M. l'abbé Dubois fut nommé curé de la Bastide-des-Jourdans, C'était un prêtre pieux, zélé, ayant déjà pour les monastères un attrait qu'il suivit, dix ans plus tard, en allant, un des premiers, se mettre sous la direction du Rév. Père Edmond, chez les Prémontrés, à Saint-Michel de Frigolet, où il fit bientôt profession et reçut le nom de Père Joseph. C'est lui qui forma le projet de rétablir le monastère de la Cavalerie. Héritier des vertus et de l'esprit de son prédécesseur M. Morellet, à peine fut-il installé, qu'il se mit à visiter sa paroisse. Lorsqu'il arriva au désert de la Cavalerie, il eut le cœur navré, en parcourant ces bâtiments délabrés, en voyant l'antique chapelle des Templiers, dont les murs étaient bien conservés, mais dont on avait fait une écurie et un grenier à foin. Quand il sortit de ces ruines, il se dit, comme si cette pensée lui venait d'en haut : tout ce qu'il me sera possible de faire, dans ma pauvreté, je le ferai pour ressusciter une œuvre si belle.

A quelque temps de là, le Rév. Père Ange, Gardien du couvent des Capucins à Aix, vint prêcher le jubilé à la Bastide-des-Jourdans. Le pieux Curé ne tarde pas de lui parler de ce qu'il a tant à cœur, il l'entretient du projet qu'il a formé de rétablir le monastère de la Cavalerie. « Vous, ajouta-t-il, en s'adressant au Père Ange, vous, qui connaissez tant de personnes zélées pour la gloire de Dieu et le salut des âmes, n'en connaîtriez-vous point qui voulussent m'aider pour exécuter mon projet? »

« Dieu soit loué, répond le Père Ange, M. Figuière, doyen du chapitre d'Aix, où il a été longtemps secrétaire de l'archevêché, ayant trouvé dans les archives du secrétariat la Règle de Notre-Dame de l'Hermitage, à la Cavalerie, a eu la même pensée que vous. Sachant que je venais évangéliser votre paroisse, il m'a chargé de vous demander, si vous seriez disposé à entrer dans ses vues pour le rétablissement de ce monastère. Lui et M. Conil, Supérieur du petit Séminaire d'Aix, pourraient vous aider puissamment pour l'exécution de cette entreprise. »

C'était un coup de Providence!

Bientôt avec l'approbation et le concours de l'autorité diocésaine, le monastère, avec une grande partie des terres qui en dépendaient autrefois, était racheté, et une Communauté naissante s'installait à la Cavalerie.

M. Moutonnet a fait dans le journal la *Commune* le récit de la visite qu'il fit, en 1848, à M. le Curé Dubois. « J'arrivai à la Bastide des Jourdans pour saluer M. le Curé, qui était mon condisciple, mon ami et presque mon compa-

triote (1). M. le Curé n'y est pas, me dit sa servante. —
Où est-il donc ? — A la Cavalerie — Eh bien, procurez-moi
un guide, et j'irai l'y trouver.

« Après une heure de marche par monts et par vaux,
j'arrive au fond du ravin, où se trouve l'ancienne habitation
des Templiers: quelle belle et imposante solitude ! quel calme
tout autour, et sur les côteaux qui la dominent ! Comme
l'âme se sent portée à la méditation et à la prière ! On se
croirait dans une des solitudes de la Thébaïde, si affection-
nées des premiers chrétiens.

« Comme si déjà il avait fait profession, M. le Curé faisait
l'office de *Frère Laboureur.* Après les civilités d'usage
entre condisciples et amis, nous visitons le monastère. Les
hommes l'avaient respecté, mais il avait eu à souffrir les
injures du temps. Le long corridor voûté du rez-de-chaussée,
ainsi que les appartements distribués à droite et à gauche

(1). M. Dubois était né à Pertuis en 1810, et M. Moutonnet à La Tour-
d'Aigues en 1813. Ils furent ensemble élèves à Ste Garde, et le même jour,
9 juin 1838 avec M. Sadrin et Bovis ils furent ordonnés prêtres.

M. Moutonnet fut vicaire quelques mois à Bédoin, un peu plus d'un an au
Thor, et huit ans à St Agricol. Il écrivait quelquefois dans les journaux, et
toujours d'une manière incisive.

En 1844, au plus fort de la lutte pour la liberté d'enseignement, il
publia une brochure intitulée *de l'abolition du Monopole universitaire,* qui
était alors une des institutions *intangibles.* Il fut accusé d'avoir médit de
l'Université, et déféré à la cour d'assises de Carpentras. C'était un peu une
réédition de la fable le *loup* et l'*agneau.* Cependant cette fois l'agneau ne
fut pas croqué, il se défendit très bien lui-même, en démontrant qu'il n'avait
dit que la vérité, et, après une brillante plaidoirie de son défenseur M.
de Laboulie du Barreau d'Aix, il fut acquitté par le jury le 30 avril 1844.

L'abbé Moutonnet, en 1848 fut nommé Curé à Montfavet, d'où après trois
ans, il fut rappelé à Avignon pour être curé de la paroisse S. Didier. Il n'avait
que 39 ans ; plein de force et de zèle, il se dévoua à la sanctification de ses
paroissiens et à la décoration de sa belle église; il publia plusieurs volumes
la *vie chrétienne,* le *devoir pascal.* Tous le regrettèrent, lorsqu'il mourut,
jeune encore, à l'âge de 58 ans, le 5 juin 1871.

M. Dubois fut d'abord vicaire quelques mois à Cucuron, puis deux ans
curé à Auribeau. Il fut ensuite quatre ans vicaire à Cavaillon, et un an curé
aux Taillades. En 1846 il fut nommé curé à la Bastide-des-Jourdans, où il
resta un peu plus de cinq ans. Il fut ensuite trois ans aumônier du couvent
de la Nativité à Orange, et quatre ans vicaire à la paroisse des Carmes à
Avignon.

En 1858, il obtint de Mgr Debelay la permission d'aller chez les Prémontrés,
à St Michel de Frigolet. Il reçut le nom de Père Joseph, et fit profession le
8 décembre ; il remplit ensuite successivement les fonctions de maître des
novices, de sous-prieur à S. Michel, d'aumônier des Norbertines à Maubec
(Drôme) et de prieur à St Michel, où il mourut 18 mois après M. Moutonnet;
le 30 Décembre 1872.

étaient dans un état de conservation suffisante. Le
corridor et les cellules du premier étage, ainsi que les toitures, étaient fort délabrés. La vue de la chapelle changée en
écurie et en grenier à foin, coupée en deux par un plancher,
impressionnait péniblement une âme d'archéologue, et à
plus forte raison une âme de prêtre. Cette chapelle en style
roman simple, est très régulière et très belle par la pureté
de ses lignes, elle est précieuse par son antiquité, c'est à
coup sûr le monument le plus ancien et le plus vénérable
de la contrée. La voûte a retenti des accents guerriers et
chrétiens des Chevaliers du Temple, et plus tard des soupirs
embrasés des Frères Hermites. Bientôt il sera encore le
sanctuaire de la méditation et de la prière.

« Quant aux murs de clôture, ils étaient en grande partie
effondrés.

« Le modeste dîner, auquel nous sommes invités à prendre part, est servi dans une cellule du rez-de-chaussée,
l'ancien réfectoire ayant été transformé en chapelle provisoire, en attendant que l'antique chapelle puisse être rendue
à sa destination primitive.

« Trois frères, un vénérable prêtre du diocèse de Digne,
faisant fonction de Supérieur par *intérim*, M. le Curé et moi
nous composions ce jour-là la communauté tout entière.
Des trois Frères, deux étaient dans la force de l'âge, l'autre,
le Frère Vitalis, était vieux, bien vieux. Avant la Révolution, sans avoir fait profession à Notre-Dame de l'Hermitage, il avait vécu avec les religieux de ce monastère. Après
la confiscation du couvent il s'était fait ermite, et en cette
qualité, il avait vécu très longtemps avec un Frère du monastère, que rien n'avait pu forcer à abandonner son costume
et son état. Frère Vitalis savait par cœur toute la Règle
des anciens religieux. C'était la règle vivante.

« Pendant le dîner, un des jeunes Frères, placé au milieu du réfectoire, fit la lecture sur le livre de saint Alphonse

de Liguori : *Les grandeurs de la Sainte Vierge*, comme s'il avait à se faire entendre de quarante religieux, et on l'écouta avec l'attention la plus soutenue, le silence le plus profond. C'était, on le voit une Communauté bien petite, mais déjà bien régulière et édifiante. »

M. Dubois venait à la Cavalerie aussi souvent que ses occupations le lui permettaient; il y présidait les principales fêtes. Le 25 mars 1849, muni des pouvoirs accordés par Mgr l'Archevêque, il fit solennellement la bénédiction de la chapelle provisoire du couvent, en présence d'une foule nombreuse de fidèles, accourus pour assister à cette intéressante cérémonie, à la fin de laquelle il célébra la sainte messe. Quelques jours après, le 29 mars, en vertu des pouvoirs qu'il avait reçus, il fit la bénédiction d'une petite cloche.

Le 15 septembre suivant, on avait restauré et réorganisé l'ancienne chapelle des Templiers, M. le curé en fit de nouveau la bénédiction solennelle, et l'inaugura en y célébrant la messe. Il se réjouissait des progrès que faisait l'œuvre de la Cavalerie et il écrivait à M. Peyre vicaire général à Avignon : « Nous avons déjà quelques sujets pour commencer cette fondation. Ce sont des hommes de bonne volonté, pleins de piété, d'amour du travail, de force et d'ardeur pour embrasser la Règle des ermites de Notre-Dame de la Retraite. Mais il leur manque un Supérieur, on désire un prêtre très pieux, qui aime la Règle, et qui veuille suivre celle du couvent de la Cavalerie, du moins après les modifications qui y seraient faites, avec l'approbation de l'Ordinaire. »

Son désir fut exaucé et sa joie fut bien grande, lorsqu'il apprit qu'un de ses confrères les plus pieux et les plus aimés, l'abbé Barnouin, quittait le vicariat de Lapalud, pour venir, avec l'approbation de son Archevêque et à la grande satisfaction de M. le chanoine Figuière, se mettre à la tête de la petite Communauté de la Cavalerie.

LE RÉV. PÈRE BARNOUIN

II

LE RÉVÉREND PÈRE MARIE BENOIT BARNOUIN

SUPÉRIEUR DU MONASTÈRE DE LA CAVALERIE

1849-1854

1º Son arrivée et son installation
État de la Communauté

Après avoir quitté Lapalud, le 9 octobre 1849, et avoir reçu en passant à Avignon, la bénédiction et les pouvoirs de son Archevêque, l'abbé Barnouin s'arrêta quelques jours à l'Isle, pour dire adieu à ses parents, qui lui exprimèrent vivement leur mécontentement et leur inquiétude, sur l'œuvre si humble, si incertaine qu'il allait entreprendre. Pour se soustraire à toutes les observations que chacun croyait devoir lui faire, il s'empressa de partir et de se rendre à la Bastide-des-Jourdans.

M. le curé Dubois l'accueillit avec bonheur, et, comme il était délégué par Mgr l'Archevêque, pour installer le premier Supérieur de la Cavalerie, il ne tarda pas de l'y conduire, pour le présenter à sa petite Communauté et procéder à son installation, dont il rédigea le procès verbal en ces termes :

« L'an 1849 et le 18 octobre, M. Léon Barnouin, prêtre natif de l'Isle, vicaire à Lapalud, après avoir librement et volontairement renoncé à son poste, avec l'approbation de Mgr l'Archevêque d'Avignon, suivant son attrait tout particulier pour la vie religieuse, est venu se retirer dans la solitude de Notre-Dame de la Cavalerie, muni de tous les pouvoirs nécessaires pour diriger cette Communauté naissante, à laquelle nous l'avons présenté, et nous l'avons installé dans le dit monastère en qualité de Supérieur. »

J. Dubois, prêtre curé.

La Communauté de la Cavalerie se composait d'un prêtre qui devait bientôt se retirer, car il n'était là que par *intérim,* et de trois Frères cultivateurs, dont l'un était vieux, c'était le Frère Vitalis, le témoin des temps anciens ; les deux autres étaient jeunes, mais ils étaient bien nouveaux en tout ce qui concerne la vie religieuse. L'un des deux, Joseph Signoret, était né en 1815 à Châteauneuf-Miravail, Basses-Alpes, il n'avait que deux ou trois mois de plus que son nouveau Supérieur. Depuis une dizaine d'années, il habitait à la Bastide-des-Jourdans, où il était employé aux travaux agricoles. M. le curé Dubois avait remarqué sa conduite irréprochable, sa fidélité à remplir ses devoirs de chrétien, et à venir assister aux offices ; le rencontrant un jour, il lui dit, comme le Maître de la vigne dans l'Evangile : « Vous aussi, Joseph, vous devriez aller à la Cavalerie. — Pas possible, Monsieur le curé ; dans trois mois, je dois me marier avec une brave fille, c'est convenu. — N'importe, lui dit le curé, allez à la Cavalerie. » Et Signoret, renonçant à son mariage, était venu à la Cavalerie, où on lui avait donné le nom de *Frère Joseph.*

L'abbé Barnouin en arrivant à sa nouvelle résidence, y trouvait bien ce que lui avait dit énergiquement M. Rose son curé : Un Ordre, une Communauté dans son *état initial et rudimentaire.*

Tout était à faire, à créer, à organiser, et il n'avait pas d'autres ressources que celles que la Providence pourrait lui fournir. Dans un tel dénument, au lieu de se laisser envahir par la tristesse et le découragement, il éprouva une une vive joie. Il trouvait à la Cavalerie l'idéal de la vie qu'il avait rêvé : la solitude au milieu des bois, au fond d'un vallon désert, une maison humble et pauvre, comme à Nazareth, une vie de prière, de silence et de travail…. Il y était heureux. Longtemps après l'avoir quittée, il écrira au Frère Joseph : « Je regretterai toujours mon berceau de la Cavalerie. »

Son curé, M. Rose, trois jours après son départ qui l'avait fort attristé, lui écrivit : « Votre retraite m'a laissé un lourd cauchemar qui m'accable. J'espère que vous nous donnerez souvent de vos nouvelles, si vous voulez adoucir les peines de notre cœur, vous nous devez ces marques de sympathie et de bon souvenir, pour l'amitié profonde que nous vous avons vouée. Je forme des vœux bien fervents, afin que, lorsque vous aurez donné un commencement d'organisation à la maison que vous allez diriger, vous véniez revoir les lieux qui ont été les heureux témoins de vos douces vertus, et de votre aimable caractère. »

L'abbé Barnouin ne manqua pas de répondre à une si charmante lettre ; il fit à son curé la description de Notre-Dame de la Cavalerie, et lui exprima la joie qu'il avait de travailler au service de Dieu.

M. Rose, tout enchanté de ces bonnes nouvelles, lui écrivit, le 2 novembre : « Mon cher ami, j'ai lu et relu votre consolante et édifiante lettre.... Elle est consolante, parce qu'elle nous prouve que vous ne vous êtes pas trompé sur la voix de Dieu qui vous appelait à la solitude, puisque vous y êtes heureux, et qu'un séjour, dont le monde peut à peine supporter le souvenir, vous inspire des pensées si douces et si poétiques. Charmé d'apprendre par vous-même toute la sérénité, dont vous jouissez au sein d'une vieille habitation claustrale du moyen-âge, j'en remercie le ciel avec tous vos amis. Vous ne douterez pas, j'espère, de la *limpidité* de mes sentiments, quand vous reviendra en esprit quelle douce sympathie unissait nos cœurs. — Votre lettre est aussi édifiante, parce qu'il s'en exhale un parfum de piété qui a fait du bien à mon âme. Ah ! qu'elles sont bonnes les paroles d'un ami, d'un excellent prêtre, lorsqu'elles renferment, dans une forme simple et onctueuse, les bontés et les aménités de la vertu ! Croyez, mon cher, que je ferai profit de tous les précieux conseils que vous me donnez ; ils sont de nature à contribuer à la gloire de Dieu, et à la bonne direction de la paroisse.

« J'espère que vous me donnerez bientôt les détails, que vous m'avez promis sur N.-D. de la Cavalerie. Je vois d'avance que vous allez nous la faire envisager couronnée d'une belle auréole, qu'embelliront les glorieux reflets de la Chevalerie chrétienne. Cette association vous est d'autant plus permise que le couvent que vous habitez appartenait jadis à l'Ordre des Templiers. Les Trappistes ont eu l'heureuse idée de mettre à la main de la Sainte Vierge, qu'ils qualifient de *Révérendissime*, la crosse abbatiale de leur fondateur. Eh bien ! animé d'une pensée analogue, vous ferez briller dans la main de Marie la noble épée des Chevaliers chrétiens, non pas pour combattre les Musulmans, qui sont en ce moment nos alliés, mais pour percer d'outre en outre toutes les hérésies rationalistes, qui désolent le sein de la grande famille chrétienne : *cunctas hœreses sola interemisti in universo mundo.* »

L'abbé Marrel, alors vicaire à l'Isle, avait aussi appris que l'abbé Barnouin, son compatriote et cher ami, se plaisait à la Cavalerie ; il lui écrivit le 8 novembre 1849 : « Je suis enchanté de vous savoir heureux et content, je comprends votre joie : *o beata solitudo ! o sola beatitudo !* Les hommes ne comprennent rien à cette folie de la croix ; ceux-là seuls qui sont enseignés par l'Esprit-Saint en savent quelque chose... Vivre loin du monde dans la retraite, écoutant la voix du bien-aimé qui parle au cœur, oh ! n'est-ce pas un paradis sur la terre, et le monde pourrait-il donner quelque chose de semblable ?

« J'ai vu vos parents, mon cher ami, et je vous avoue qu'ils ne sont pas très contents de votre retraite, et ne seraient pas fâchés de vous voir revenir. Votre mère a pleuré beaucoup. Ils ont envie de faire des démarches à l'Archevêché, pour vous faire quitter la Cavalerie. Ici à l'Isle, on vous blâme assez généralement. Cependant votre tante, (*Nanoun* Supérieure de l'hospice de la Charité), ne partage pas l'opinion de vos parents; elle est contente, c'est une si bonne âme ! Vous ne feriez pas mal d'écrire une lettre de consolation à votre père. Du reste, vous n'êtes pas irrévocablement fixé, et vous êtes encore à temps de quitter, si cela n'allait pas, selon les desseins de Dieu et de l'édification de l'Eglise.

« Adieu, mon bien cher, que Marie vous protège, vous et votre petite Communauté ! Que son Cœur immaculé soit votre force, votre joie, votre lumière. »

Les démarches annoncées auprès de Mgr l'Archevêque eurent lieu; mais Sa Grandeur répondit aux délégués de la famille Barnouin : « Que voulez-vous, Messieurs ? J'ai fait moi-même tout ce que j'ai pu pour dissuader l'abbé Barnouin, je suis revenu plusieurs fois à la charge, mais il me répondait par des réflexions si sérieuses, par des raisons si convaincsntes, que j'ai cru pouvoir et devoir le laisser faire. En tout cas, vous pouvez être assurés de deux choses, qu'il est parfaitement en règle sous le rapport de la soumission à son Archevêque, et que sa conduite personnelle ne compromettra jamais l'honneur de mon diocèse. »

Les anciens condisciples de l'abbé Barnouin étaient moins étonnés, en apprenant qu'il établissait une petite Communauté dans le désert de la Cavalerie. « Je n'en suis pas surpris disait l'abbé Reboul, il sentait le moine à cent lieues (1).

L'abbé Barnouin, sans s'émouvoir des jugements favorables ou défavorables, dont il était l'objet dans son pays natal et dans son diocèse, se mit à l'œuvre avec les trois *Frères* qui composaient toute sa Communauté, et dont il conquit bientôt l'estime et l'entière confiance.

---

1. Si l'abbé Barnouin sentait le moine, on peut dire aussi que M. l'abbé Reboul sentait le Jésuite ; car, après avoir été pendant une vingtaine d'années vicaire à Jonquières, à Notre-Dame à Orange, et à St-Symphorien à Avignon, il alla, en 1865, au noviciat de la Compagnie de Jésus. Il fut Jésuite pendant plus de vingt ans, et il mourut à la Résidence de Marseille, le 7 février 1888.

Il fallait d'abord réparer les bâtiments et en, faire une habitation convenable pour des *Religieux agriculteurs*. Les terres étaient depuis longtemps restées incultes, il fallait les défricher, les cultiver et leur faire produire les fruits et les récoltes nécessaires pour la subsistance de la Communauté ; et pour cela il fallait organiser la *Ferme*, et la munir de tout un matériel agricole fort coûteux. L'abbé Barnouin, tout en gardant la direction générale des travaux, confia le soin de les faire exécuter à celui des *Frères*, qui lui parut le plus capable ; il choisit pour remplir les fonctions d'économe, le Frère Joseph Signoret, qui était très actif, et s'entendait très bien aux travaux de l'agriculture.

Dans les premières annales de la Cavalerie, rédigées jusqu'en novembre 1851 par le Supérieur lui-même, et écrites par une autre main, jusqu'en mai 1853, nous trouvons l'indication des travaux qui furent faits. La belle allée de tilleuls, qui s'étend de la chapelle à la ferme, fut plantée ainsi que quelques cyprès, au mois de mars 1850. L'année suivante, on planta des noyers autour de la ferme, quatre cents mûriers dans les terres, des arbres fruitiers dans le petit jardin devant les fenêtres de la chapelle, et des treilles, contre les murailles de l'enclos. Les terres avaient été cultivées ; l'on récolta quarante-cinq charges de blé, et l'on se servit pour la première fois du ventilateur.

En 1852, les Frères plantèrent trois mille pieds de vigne, et semèrent plusieurs champs de luzerne ; le 19 juin on commença la bâtisse du cloître, et le 11 avril 1853, on entreprit la construction du bâtiment neuf.

Pour exciter encore plus l'ardeur de ses Frères au travail, le Père Barnouin imagina un moyen qui lui parut efficace. Le 5 janvier 1852, il divisa les terres de la Cavalerie en autant de lots qu'il y avait de Frères, et il fit tirer au sort à chacun le lot, qu'il s'engageait à cultiver en bon père de famille. Mais ce projet ne fut pas exécuté : Mgr l'Arche-

vêque n'approuva pas ce partage, il le trouva peu conforme
à la pauvreté religieuse, qui exige que dans une Communauté
de Religieux tout soit en commun.

**2° Difficultés de l'œuvre entreprise par l'abbé Barnouin.
Comment Dieu l'y avait préparé. Règlement provisoire.**

Si la partie matérielle et agricole de l'œuvre que l'abbé
Barnouin avait entreprise n'était pas sans difficultés, la
partie spirituelle, la fondation et l'organisation d'une Communauté de Religieux était bien plus difficile. Il lui fallait
être tout à la fois, fondateur et organisateur, supérieur et
maître des novices, et il était encore lui-même bien novice
pour tout.

A l'âge de treize à quinze ans, il avait bien passé deux
ans au noviciat des Capucins à Aix ; mais il était bien
jeune alors, il avait pu donner un libre cours à son attrait
pour les pratiques et les austérités de la vie religieuse, et
ce fût pour lui une grande peine, lorsque ses parents le
firent revenir, et ne le laissèrent plus retourner. Il avait
gardé un doux souvenir de ce noviciat, mais il n'y avait pas
acquis la science et l'expérience nécessaires pour organiser
et diriger une Communauté de Religieux.

Au petit séminaire de Ste-Garde et au grand séminaire
d'Avignon, il s'était fait remarquer par sa piété et sa régularité, il n'avait pas caché ses goûts pour la vie religieuse,
mais il ne s'y était pas formé.

Pendant les six ans qu'il fut vicaire à Lapalud, il avait
vécu comme un religieux plutôt que comme un prêtre séculier, mais ses nombreuses occupations de vicaire ne lui
avaient point permis d'apprendre l'art de former et de gouverner un monastère.

Dieu, quand il choisit quelqu'un pour faire une œuvre importante, ne manque jamais de le préparer et de le disposer, de manière qu'on le trouve apte à faire l'œuvre pour laquelle il le choisit : *Illos quos Deus elegit ad aliquod, ita præparat et disponit, ut ad id, ad quod eliguntur idonei inveniantur.* S. Thom. p. 3. q. 27. La vocation de l'abbé Barnouin était de greffer, sur l'arbre Cistercien, une branche à la portée de beaucoup de santés affaiblies, qui n'auraient pu s'astreindre aux observances rigoureuses des autres branches. Pour le mettre à même d'accomplir cette œuvre, Dieu lui ménagea avec force et suavité les dispositions et les préparations nécessaires. Il lui avait donné, avec la piété, le goût et l'attrait de la vie religieuse, il lui en avait fait faire un premier essai dès l'âge de 13 ans. Si le novice de St-Jean du Gardier avait fait profession chez les Capucins, il n'aurait jamais été l'abbé et le restaurateur de Sénanque et de Lérins. Il dut quitter son noviciat, rester trois ans à le regretter, et à chercher sa voie, dix ans à recevoir dans les séminaires la formation qui le prépara au sacerdoce, et puis six ans à exercer les humbles fonctions de vicaire, dans une paroisse de campagne. Tout cela était une préparation à l'œuvre qu'il était appelé à faire. Il n'y a qu'une chose qui lui manquait : c'était la santé. Pendant tout le temps de son vicariat, et de ses études dans les séminaires, il avait été souffrant et obligé d'user de dispenses pour l'abstinence et le jeûne. Dieu ne lui avait départi qu'une santé faible et délicate, et ce ne fut pas sans raison. Ayant supporté les langueurs de la maladie, l'abbé Barnouin saurait mieux compatir aux souffrances et aux faiblesses des autres. Il aurait ainsi appris à venir au secours de tous ceux qui souffrent.

Non ignara mali miseris succurrere disco.

D'ailleurs s'il avait eu une bonne santé, comme plusieurs de ses maîtres et de ses condisciples, il aurait été s'enfer-

mer à la Chartreuse ou à la Trappe. Mais il ne pouvait pas
même y songer. Quelques jours de noviciat auraient suffi-
pour démontrer, qu'il était tout à fait incapable de suivre le
régime de ces monastères, il aurait été obligé d'en sortir,
au risque de faire dire de lui : Il a commencé, et n'a pu
achever. *Cœpit œdificare et non potuit consummare.*

Et cependant il entendait la voix de Dieu qui l'appelait à
la vie religieuse, et il répondait à cet appel ; il avait vu luire
l'étoile, et comme les Mages il disait : *vidimus* et *venimus.*
Il venait à la Cavalerie. Ne pouvant espérer de pratiquer
la Règle des Capucins, des Trappistes et des Chartreux, il
venait fonder une Communauté de Religieux, dont le régime
serait moins austère. Mais c'était une œuvre bien difficile
qu'il entreprenait.

S'il fût entré dans un Ordre déjà prospère, dans une
Congrégation déjà florissante, il aurait trouvé le moule de
sa vie religieuse tout formé, il n'aurait eu qu'à s'y laisser
couler. Il y aurait rencontré des ouvriers habiles et
expérimentés qui, par leurs leçons et leurs exemples,
l'auraient aidé à faire réussir cette opération. Il serait
facilement devenu un bon religieux, *ad omne opus bonum
instructus*, apte à remplir tous ses devoirs et toutes les
charges de son Ordre.

Mais il venait à la Cavalerie, où il ne trouvait rien de tout
cela. Il devait former les autres, et il devait d'abord se former
lui-même. La Règle qu'il voulait suivre, le moule de sa vie
religieuse n'existait que d'une manière bien vague dans son
esprit ; il devait le former peu à peu, en tâtonnant, il fallait le
faire, le refaire, l'essayer, et enfin le faire approuver par
toutes les autorités compétentes. Voilà l'œuvre qu'il entreprenait. Que de peines, que de difficultés à surmonter ! *Hoc
opus hic labor* ! Les avait-il bien prévues ?

Il était bien convaincu de sa faiblesse, que Dieu avait
cependant choisie pour confondre ce qui est fort ; mais

éclairé de la foi qui lui manifestait l'appel divin, comptant sur la Providence, qui ne lui fera jamais défaut ; car nous verrons qu'il ne cessera pas de la bénir et de la remercier ; s'appuyant sur l'approbation et la bénédiction de son Archevêque, dont il suivra toujours la paternelle et affectueuse direction ; il se met à former sa petite Communauté. Semblable à une mère, il enfante à la vie religieuse ses premiers disciples, ou pour mieux dire, ses enfants qu'il aime dans les entrailles de Jésus-Christ.

Comme il venait ressusciter à la Cavalerie une Communauté de Bénédictins, qui y fut florissante, pendant presque tout le XVIIIe siècle, il donne à ses Frères le nom de Bénédictins, il demande et reçoit pour lui le nom de Frère Marie Benoit. M. Figuière et plusieurs autres personnes insistaient pour conserver à la Cavalerie le nom de *Notre-Dame de l'Hermitage*, le Père Barnouin voulut toujours appeler son monastère *Notre-Dame de la Cavalerie*. Il aurait aussi bien voulu suivre les Règlements que les Bénédictins d'Ollières avaient apportés et observés à la Cavalerie, mais on ne retrouvait plus le manuscrit de ces Règlements, qu'on avait vus plusieurs années auparavant aux archives de l'archevêché d'Aix ; il dut rédiger lui-même un Règlement, provisoire, dans lequel il se contenta de déterminer les heures de la journée employées à la prière, au travail, aux repos, au sommeil et aux divers exercices de la vie religieuse ; et il se mit à l'observer et à le faire observer à sa petite Communauté.

3° Progrès de la Communauté de N.-D. de la Cavalerie. Visite de Monseigneur l'Archevêque

Ce n'était pas le travail qui manquait au R. Père Marie Benoît, c'étaient les ouvriers. Il n'en avait que trois, il devait donc chercher à augmenter leur nombre. Il s'adressa à quelques-uns de ses amis, qui lui avaient témoigné le désir d'embrasser la vie religieuse. Il aurait été heureux de de les voir arriver à son monastère de la Cavalerie.

Son ami de Cavaillon, professeur à Ste-Garde, qui jusqu'alors l'avait tutoyé, lui répondit respectueusement : « M. le Supérieur et cher ami, je ne sais quel sentiment de respect vient se mêler aujourd'hui à mon amitié — je ne puis plus traiter avec vous d'égal à égal ; ce ne serait qu'au préjudice de votre autorité, si un jour vous deveniez mon Supérieur. Il faut que dès maintenant je vous considère, comme je considère mes Supérieurs actuels. Ne dirait-on pas que j'ai quelque envie de me mettre sous votre aimable obédience ? La vôtre ne me fait pas peur ; mais celle de S. Benoit, c'est autre chose. Je crois que j'aimerais peu votre vie retirée, comme celle des Chartreux, sans ministère extérieur..... »

Le R. Père Marie Benoit avait aussi sollicité M. l'abbé Crévoulin, alors Directeur de la Maîtrise Métropolitaine à Avignon. Il reçut cette réponse : « Mon cher confrère et ami, je n'ai pas pris la peine de parler de votre désir à Monseigneur, car c'eût été inutile. Il m'a déclaré vingt fois, que je n'eusse pas à former des desseins comme celui que vous me proposez, qu'il n'y consentirait pas. Voilà l'obstacle insurmontable. J'ai forcé la barrière jusqu'à être ennuyeux, et voir Monseigneur se fâcher. Ainsi n'y pensons pas pour le moment. Quant à la place d'assistant, si j'allais chez vous, je serais mille fois plus heureux de n'avoir point de place, que d'en avoir. »

Les prêtres ne répondirent guère tout d'abord aux invitations du R. Père Marie Benoit : ils attendaient que sa Communauté fut un peu plus organisée ; mais plusieurs jeunes gens vinrent lui demander de les admettre comme Frères convers. Il les reçut, et après avoir soigneusement examiné leur vocation, avant de les admettre à prendre l'habit religieux, il demanda l'approbation de Mgr l'Archevêque. C'est M. Martin, vicaire général, qui lui répondit, et, dans sa lettre du 29 janvier 1850, délégua M. le curé de la Bastide des Jourdans, pour étudier les dispositions des *Frères,* qu'on admettait au saint habit, sous l'autorité de l'Ordinaire. Ce fut Mgr Debelay qui, bientôt, dans le cours de sa visite pastorale, eut la joie de présider lui-même, à N.-D. de la Cavalerie, la première cérémonie de prise d'habit, dont M. l'abbé Moutonnet fit alors cette intéressante relation :

« Le 24 avril 1850, Mgr l'archevêque d'Avignon donnait la Confirmation à la Bastide-des-Jourdans. Je m'y trouvais à la suite d'une retraite pascale, que je venais de prêcher dans cette paroisse. Sa Grandeur, comprenant l'importance de l'œuvre de N.-D. de la Cavalerie, a voulu la consacrer par son auguste présence, la fertiliser par la céleste rosée des bénédictions de son cœur.

« Jamais peut-être, même dans les temps anciens, on n'avait vu plus belle fête à la Bastide-des-Jourdans, et à N.-D. de la Cavalerie. Hommes, femmes, vieillards, enfants, toute la population de la Bastide et des paroisses voisines y avaient accompagné Monseigneur, avec un enthousiasme impossible à décrire.

« Il n'y a pas encore une année que j'y étais venu, et depuis, que de changements se sont opérés ! Que d'importants travaux n'a-t-on pas exécutés dans un si court espace de temps !

« Les ruines du monastère sont réparées, les murs de clôture sont relevés. Les eaux ramenées dans leurs anciens canaux coulent en abondance ; les jardins parfaitement cultivés, malgré la rigueur d'un hiver désastreux, sont fournis de légumes, et dans les terres du monastère tout indique la présence et le travail des *Frères Agriculteurs,*

« L'antique chapelle des Chevaliers du Temple resplendissait de tout son éclat. Ce n'était plus l'écurie de l'année dernière, c'était un véritable temple de Dieu, avec un autel orné simplement, mais avec goût, des stalles pour les Frères, et quatre grands tableaux.

« La cloche du monastère, récemment placée dans un campanile tout neuf, remplaçant celui d'autrefois, sonnait à toute volée, et ses joyeux tintements, répétés par les échos de la montagne du Lubéron, annonçaient au désert une grande joie, la célébration d'une belle fête, la présence d'un Prince de l'Eglise.

« De bonne heure la chapelle avait été envahie par une foule compacte, dont les derniers rangs se prolongeaient sur l'esplanade devant la façade.

« Mais ce qui était encore plus beau à voir, c'était la Communauté : six Frères avec le costume bénédictin, ayant à leur tête leur Supérieur définitif, M. l'abbé Barnouin, Frère Marie Benoit, qui s'est dévoué avec un zèle au-dessus de tout éloge, à la fondation de N.-D. de la Cavalerie, attiraient tous les regards, par la modestie, la ravissante sérénité de leur figure, leur céleste piété.

« Après une touchante allocution inspirée par la circonstance, Mgr l'archevêque a solennellement béni quatre tuniques de Frères, placées sur une table près de l'autel. Quatre jeunes gens désabusés du monde et renonçant généreusement à ses trompeurs attraits, se sont présentés dans le sanctuaire, demandant au successeur des Apôtres, comme une faveur signalée, la grâce d'être admis à revêtir ces habits, insignes de la pénitence et du travail, mais aussi gages de miséricorde, de sanctification et de bonheur.

« A la fin de la cérémonie, Mgr Debelay a exprimé sa joie de voir ainsi s'augmenter le nombre des Religieux.

« Il y en avait six, dit-il, et maintenant il y en a dix, qui ont tout quitté : biens, parents, amis, pour se consacrer à Dieu, et s'appliquer dans cette solitude au travail, à la pénitence, à la prière. »

« L'émotion du vénéré Prélat et de toute l'assistance était à son comble ; tous les yeux étaient remplis de douces larmes ; il ne restait plus qu'à rendre grâce à Dieu. C'est ce qu'on fait en chantant le *Te Deum*.

« Puisse, comme l'a si bien dit Monseigneur l'Archevêque, l'œuvre de N.-D. de la Cavalerie, inaugurée sous de si heureux auspices, prospérer et grandir ! Ce sera, sous le triple point de vue de la religion, de l'agriculture et des pauvres, un bienfait du ciel pour toute la contrée. »

Mgr Debelay ne cessa jamais de témoigner au monastère de la Cavalerie et à son Supérieur le plus vif intérêt, la plus paternelle bienveillance. Le Père Marie Benoit lui écrivait souvent, pour soumettre à son approbation tout ce qu'il faisait, et pour lui demander ses conseils; et Sa Grandeur ne manquait jamais de répondre et de donner au Supérieur de la Cavalerie la direction désirée, et les encouragements les plus réconfortants. Il lui écrivait le 23 décembre 1850 : « Je vous félicite de bien bon cœur, du succès de l'œuvre à laquelle je vous ai attaché. Entretenez avec grand soin, dans l'esprit de vos *Frères laboureurs*, la foi, la piété, l'humilité, l'amour du travail. Que la discipline soit sévère, avec un langage et des encouragements paternels. Vous savez tout l'intérêt que je porte à votre œuvre, recevez-en la nouvelle assurance, avec celle de mon affectueux dévouement. »

Le 17 janvier suivant, il écrivait de nouveau :

« Vos sentiments d'affection et de dévouement, pour votre pieux établissement de la Cavalerie, n'ont rien qui m'étonne. Cette institution, fruit d'une pensée éminemment chrétienne et sociale, est destinée, à notre époque, à rendre de grands services aux âmes fatiguées des agitations et des déceptions du monde, et à celles qui, plus privilégiées, voudront, dès le printemps de leur vie, choisir la meilleure part.

« Je vous autorise à recevoir les vœux simples, pour cinq ans, de vos bons *Frères*, après examen compétent. »

Le 6 juillet de la même année 1851, il lui écrivait encore : « J'ai toujours l'œil sur votre œuvre. J'en suis le développement avec beaucoup d'intérêt..... Continuez à bien régler votre maison, continuez à prier. »

4º Le R. P. Marie Benoit s'occupe du Règlement qu'il veut donner à sa Communauté

Pour former ses premiers *Frères* à la vie religieuse, le R. Père Marie Benoit avait dû, en arrivant à la Cavalerie, se contenter de leur faire suivre un petit Règlement tout à fait provisoire ; mais dès lors, son plus grand souci fut de choisir une *Règle* approuvée par l'Eglise, et d'y joindre des *Constitutions* ou *Règlements* capables de réaliser l'idéal de vie religieuse, que Dieu lui faisait désirer. Cet idéal, il le voyait d'abord d'une manière un peu vague et indéterminée, comme un objet lointain, dont on aperçoit mieux les détails et les contours, à mesure qu'on s'en approche. « Nous étions comme des aveugles, écrivit-il à son Archevêque, peu après son arrivée à Sénanque, nous marchions sans savoir où nous allions ; seulement le désir de procurer la gloire de Dieu, de sauver des âmes, de faire du bien, était dans notre cœur. Mais du haut du ciel la Reine des Anges dirigeait nos pas : elle savait que par la voie de la simplicité et de l'obscurité, de l'obéissance et de la bonne volonté, des mépris et des croix, nous parviendrions à seconder ses desseins, et à remplir les vœux de son cœur. Ah! que nous avons été heureux d'obéir, et d'avoir espéré contre toute espérance ! »

Ainsi le Père Marie Benoit nous a dévoilé l'état de son âme et de son esprit, lorsqu'il faisait à N.-D. de la Cavalerie les premiers essais de sa vie religieuse, lorsqu'il esquissait les premiers traits du *Règlement* qu'il suivait et faisait suivre à ses Frères. La rédaction de ce *Règlement* fut sa principale occupation pendant la première année qu'il passa à N.-D. de la Cavalerie. « Quand nous allions parler à notre Supérieur dans sa cellule, disait le *Frère Joseph* nous le trouvions toujours occupé à lire ou à écrire. Il travaillait à notre *Règlement*. »

C'était là un travail considérable, auquel le R. Père se livrait de grand cœur. Il priait, étudiait, écrivait, il prenait conseil des personnes qui pouvaient l'aider, l'éclairer, corriger ses essais. Il alla plusieurs fois consulter M. Icard, qui était alors professeur de droit canon au séminaire de St-Sulpice à Paris, et venait passer ses vacances à Pertuis, son pays natal ; il lui remit son projet de *Règlement*. Le docte professeur l'examina et le rendit, en y joignant ses observations, et en indiquant les modifications à faire. Il vint même passer une journée à N.-D. de la Cavalerie, pour mieux apprécier, sur place, les observances et les prescriptions qui convenaient à cette Communauté naissante.

Le Père Marie Benoit n'oubliait pas les Pères Capucins qui, à leur noviciat, l'avaient initié à la vie religieuse. Pour la rédaction de son *Règlement* il s'adressa au Père Ange, et lui demanda de venir prêcher la retraite à sa Communauté. Celui-ci lui répondit de Crest, le 1er août 1850 : « Je viens de recevoir les *Règles* des Frères Hermites, envoyées par M. Conil, et je vais m'occuper de votre *Règlement*. Mais je vous assure qu'on a choisi un bien faible instrument pour une chose si difficile ; cependant je me confie à la divine Providence, qui dirigera tout selon son bon plaisir, pour la gloire de Dieu et le bien des âmes.

Préparez, en attendant, les cœurs de vos *Frères*, afin qu'ils soient tout disposés à recevoir la Règle qui doit les sanctifier ; préparez-les par la prière, la mortification des sens, le silence et le recueillement. Quant à la retraite, je la léur prêcherai bien volontiers ; nous la commencerons le 1er septembre. »

Le 25 août, il lui écrivait encore de Crest : « J'ai fait la Règle bien simple, bien courte. Le plus grand ouvrage pour vous, ce sera de faire les Constitutions ; vous vous en occuperez. »

Le même jour, le Père Marie Benoit écrivait à Mgr Debelay : « Le Père Auge va nous prêcher la retraite, du 1er au 8 septembre. Je terminerai avec lui le Règlement qui doit nous sanctifier, et sitôt que ce travail sera fini, je le soumettrai à l'examen et à l'approbation de Votre Grandeur. »

Le R. Père Ange, en venant prêcher la retraite, apporta la Règle que les *Frères de Notre-Dame de l'Hermitage* avaient suivie à la Cavalerie, pendant le XVIIIme siècle. Le R. Père Marie Benoit s'empressa d'en prendre une copie, que l'on conserve encore. Elle est datée du 8 octobre 1850.

Cette Règle, assez courte, portait l'approbation de Mgr de Brancas, archevêque d'Aix, en date du 28 juillet 1748. Elle contenait douze chapitres, avec un préambule, où l'on avait résumé tout ce que les Pères de l'Eglise ont dit de plus éloquent, sur l'excellence de la vie religieuse. Après avoir rapporté les sentiments de S. Basile et de S. Jérôme, l'auteur anonyme de cette *Règle* s'écriait :

« O belle solitude ! C'est par toi que Moïse a reçu le Décalogue de la main de Dieu, et a joui de sa divine familiarité. Tu es cette échelle de Jacob, par laquelle les hommes, aussi bien que les anges, s'élèvent jusqu'au ciel.

« C'est par toi, que le Prophète Royal se glorifiait de s'être retiré des embarras du monde : Je me suis éloigné, disait-il, pour demeurer dans la solitude : *Ecce elongavi fugiens, et mansi in solitudine.*

« C'est par toi, o belle solitude ! qu'on acquiert la paix et le repos de l'esprit, la pureté du cœur, la sainteté de l'âme, et qu'on goûte même par avance les fruits de l'éternité !.... »

Ce lyrisme porta ses fruits dans l'âme du R. Père Marie Benoit. Vingt ans plus tard, devenu Prélat, il prit pour exergue de son blason : *mansi in solitudine.*

Pour appliquer cette Règle à la Cavalerie, il se servit du petit Règlement que lui avait apporté le R. Père Ange, et il rédigea un nouveau Règlement qui avait, comme l'ancienne *Règle des Frères Hermites,* douze chapitres. En voici le résumé.

Les vœux des *Frères* seront des vœux simples. Ils les feront d'abord pour cinq ans, puis pour toute leur vie, s'ils en sont jugés capables.

Le postulant, étant bien examiné, fera un an de noviciat.

Les *Pères* diront l'Office divin, selon le Bréviaire romain. Les *Frères* diront le petit Office de la Sainte Vierge ; ceux qui ne sauront pas lire diront le saint Rosaire, à la place du petit Office.

On pourra recevoir les prêtres, s'ils promettent de se conformer à la Règle.

Par leur vocation, les *Frères* sont tenus à travailler de leurs mains, et à cultiver la terre, pour se procurer les choses nécessaires à la vie.

La maison est sous la juridiction et visite de Mgr l'Archevêque, qui pourra même changer le Supérieur.

Outre les jeûnes de l'Eglise, les solitaires jeûneront la veille de l'Immaculée Conception, leur principale fête, et de la fête du glorieux S. Benoit leur père... Ils s'abstiendront de viande, tous les mercredis, vendredis et samedis.

Nous avons jugé à propos de supprimer les jeûnes et abstinences dont parle le chapitre IV de la *Règle*, à cause des santés faibles et du travail.

Ils ne sortiront jamais hors des terres de la Communauté, sans une permission qui se donnera difficilement. Ils s'efforceront de garder un silence rigoureux, sauf dans les cas où le règlement de la maison en dispense.

Les habits seront d'étoffe grossière ; le scapulaire aura un capuce, la ceinture sera de cuir. Le costume des *Pères* sera noir.

Il n'y aura qu'un seul prêtre destiné à célébrer, et un Père assistant pour le remplacer en cas d'absence.

A la mort du Supérieur, la Communauté s'assemblera pour élire son successeur.

Le présent Règlement n'est qu'une application ou explication de la *Règle*. On pourra le lire quand on lira la *Règle*, le premier dimanche du mois.

Ainsi vivre dans la solitude, vaquer à la prière, et s'occuper de travaux manuels : voilà les grands moyens que le R. Père Marie Benoit employa, pour travailler à sa sanctification personnelle et à celle de ses *Frères*.

Se défiant de lui-même, et toujours avide de lumières et de conseils, il vint à la fin du mois d'octobre 1850, à la Trappe d'Aiguebelle, pour y faire une retraite, sous la direction du R. Père Abbé Dom Orsise, et pour s'instruire de ses devoirs de Supérieur de Communauté. Là il ne manqua pas de soumettre au R. Père Abbé ses Règlements et projets de Constitutions ; là il comprit mieux la Règle de S. Benoit, en voyant comment les Trappistes l'observaient. Il se sentait de l'attrait pour cette *Règle*, qui avait dirigé et sanctifié les Bénédictins à la Cavalerie. Il retourna plusieurs fois à Aiguebelle, pour exposer ses difficultés et ses peines ; il recevait docilement les avis de son sage directeur, et retournait dans sa solitude, l'âme remplie de force et de consolation. Les Abbés de la Trappe d'Aiguebelle lui témoignèrent toujours le plus vif intérêt, et lui vinrent en aide, et par des dons généreux, et par de salutaires conseils, fruits d'une longue expérience.

Le R. Père Marie Benoit aurait voulu, sans trop tarder, présenter ses Constitutions et Règlements à l'approbation de Mgr l'Archevêque ; mais ce travail de rédaction et d'essais lui demanda plus de temps qu'il n'avait cru. Monseigneur ne le pressait pas d'aller plus vite ; il lui écrivait le 6 juillet 1851 : « Quand j'aurai une connaissance plus détaillée de vos Règles, je verrai ce qu'il y a d'opportun à introduire ou à modifier. »

Ce qui mettait en retard le R. Père Marie Benoît, c'est que, avant de faire la rédaction définitive de ses Constitutions, il voulait constater par l'expérience, si telles ou telles pratiques pouvaient être admises ou conservées. Il écrivit à ce sujet à M. Martin vicaire général, qui l'approuva fort et lui répondit, le 17 août 1851 : « Je partage tout à fait votre avis, sur les *Constitutions et Règlements* que vous voulez donner à vos *Frères*. Les Constitutions *a priori* ne valent rien. Le fait doit toujours précéder ; la lettre vient ensuite le consacrer, lorsque l'expérience en a fait ressortir la bonté. Ainsi ont agi tous les fondateurs d'Ordres. Si donc je ne me suis pas occupé de vos Constitutions, c'est qu'il m'a semblé qu'elles ne pouvaient êtres faites que sur place, et par ceux mêmes qui pratiquent la vie religieuse. A cette fin je vous invite à tenir un journal ou coutumier de tout ce qui se passe journellement à la Cavalerie, avec notes et observations, sur les différents exercices du jour, de la semaine, du mois, des fêtes. C'est ainsi que vous parviendrez à reconnaître ce que vos *Frères* pourront supporter en fait de travail et d'exercices religieux. Il ne s'agit pas de viser au mieux d'une manière absolue, mais au bien qui peut être atteint, sans dépasser la mesure des forces et de la bonne volonté de ceux qui composent votre Communauté. »

Encouragé par cette réponse, le R. Père Marie Benoît continua de faire l'essai de ses *Règlements et Constitutions*. Ce fut seulement dans le courant de l'année 1853, qu'après avoir bien étudié et médité la *Règle* de saint Benoit, il reconnut qu'elle s'appropriait parfaitement au genre de vie religieuse qu'il voulait suivre, et il l'adopta pour sa petite Communauté, sans songer encore à observer les usages de Citeaux. En faisant ainsi de ses Religieux les disciples de saint Benoît, il leur donna le nom de *Bénédictins ;* mais comme ce nom ne les distinguait pas assez, parmi les diverses branches de l'Ordre Bénédictin, il y ajouta un qualificatif en rapport avec sa grande dévotion à la Sainte Vierge, il les appela *Bénédictins de l'Immaculée Conception*.

Il ne suffisait pas d'adopter la *Règle* de saint Benoît ; pour pouvoir la mettre en pratique, le Rev. Père Marie Benoît dut modifier et adapter à la *Règle bénédictine* les *Constitutions* qui étaient les Règlements particuliers de sa Communauté (1). Il eut recours à la Trappe d'Aiguebelle, il exposa ses difficultés et ses projets à Dom Bonaventure, qui avait succédé à Dom Orsise. Dans ses réponses des 11 et 20 octobre 1853, l'abbé de la Trappe l'engagea à suivre la Règle de saint Benoît, aussi exactement que possible, à

---

(1) Il n'y a que quatre *Règles* proprement dites : celles de S. Basile. de S. Benoît, de S. Augustin, et de S. François d'Assise. Plusieurs Ordres où Congrégations ont la même *Règle* ; mais chaque Ordre, chaque Congrégations à ses *Constitutions* particulières. — S. François de Sales, dans la préface des *Règles* des sœurs de la Visitation, indique avec précision les *Rapports* qu'il y a entre la *Règle* et les *Constitutions :* « La Règle dit-il, est le chemin où l'on doit marcher, pour parvenir à la perfection de la vie religieuse ; il faut y joindre des *Règlements* et des *Constitutions*, qui sont comme des marques mises en ce chemin, afin que l'on sache mieux le tenir. La *Règle* propose les moyens de se perfectionner au service de Dieu, et les *Constitutions* montrent la façon avec laquelle il faut employer ces moyens. La Règle commande qu'on vaque soigneusement aux prières, et les *Constitutions* particularisent le temps, la quantité et la qualité des prières qu'il faut faire..... La *Règle* marque ce qu'il faut faire, et les *Constitutions* comment on doit le faire. Les *Règles*, comme fondements principaux de la vie religieuse, doivent être approuvées par l'autorité de l'Eglise catholique, et par décret apostolique. Mais les *Constitutions*, qui ne contiennent que les moyens et la méthode de bien observer la *Règle*, n'ont nul besoin d'être confirmées que par l'autorité du Supérieur ordinaire, ou par les chapitres des Religieux. »

ne pas trop la modifier, à se contenter d'adoucir quelques austérités, pour rendre la vie religieuse accessible à un plus grand nombre. Il lui conseilla de ne pas faire, de ses Religieux, des Missionnaires. « Le travail des *Missions* lui disait-il, ne convient pas à des solitaires. Vos Religieux qui sortiraient pour prêcher des Missions, perdraient bientôt le goût de la solitude et des austérités corporelles... »

Le Rév. Père Marie Benoît suivit à la lettre ces sages conseils. On conserve le cahier des *Constitutions* qu'il rédigea en 1853, elles ne sont qu'un développement de la *Règle*, avec son application aux mœurs et aux tempéraments de notre époque. On n'y trouve aucune trace des usages de Cîteaux, auxquels le futur Abbé cistercien de Sénanque et de Lérins ne pensait pas encore.

5º Le Père Marie Benoît donne en tout l'exemple à ses Frères. Souvenirs du Frère Joseph.

Le Père Marie Benoît ne s'occupait pas seulement du Règlement qu'il voulait donner à ses *Frères*, il s'appliquait encore plus à être pour eux *la Règle vivante*, à faire d'abord lui-même ce qu'il leur prescrivait. Il suivait l'exemple de Notre Seigneur : *cœpit facere et docere*. Nous trouvons dans les *souvenirs* du Frère Joseph des détails intéressants sur les vertus du Père Marie Benoît, et le bon exemple qu'il donnait à ses Religieux (1).

(1) Le Frère Joseph ne suivit pas son Supérieur à Sénanque; il resta à la Cavalerie, et quand M. l'abbé Fissiaux y vint établir une maison de sa Société de S. Pierre ès-Liens, il devint un de ses Religieux, et reçut le nom de *Frère Pascal*. En 1880, les décrets d'expulsion furent appliqués, *manu militari*, à N.-D. de la Cavalerie, et alors le Frère Pascal fut bien obligé de quitter son cher monastère; il fut envoyé à l'orphelinat de Ste-Anne, paroisse de Montfavet, où il passa les quinze dernières années de sa vie. Il y est mort le 11 janvier 1895, dans sa 79ᵐᵉ année. Il parlait toujours avec vénération de l'abbé Barnouin; il aimait à raconter les souvenirs qu'il avait conservés de son premier Supérieur. On a eu soin d'écrire ses récits, qui nous représentent bien au naturel le Supérieur de la Cavalerie.

« Notre Supérieur, disait-il, avait toutes les vertus pour
être regardé comme un saint. Il nous accueillait toujours
avec bonté et il obtenait de nous tout ce qu'il voulait. Si un
Frère, tout décidé à quitter le couvent, allait lui dire : Je
ne reste plus, je m'en vais ; le Père lui parlait si bien, qu'il
ne songeait plus à partir. Dès qu'on le connaissait, on ne
pouvait s'empêcher de l'aimer.

« Il nous réunissait tous les jours au Chapitre, et souvent
il nous disait : Mes *Frères*, beaucoup d'âmes se perdent, se
damnent dans le monde ; mais nous, dans notre monastère,
travaillons à sauver notre âme. C'est à la méditation surtout qu'il fallait l'entendre. La préparation durait autant que
le corps de l'oraison, mais elle était bien touchante. Si nous
arrivions en retard à cet exercice, il nous donnait pour pénitence, d'aller nous tenir debout, devant l'autel, jusqu'à la
fin de la méditation.

« La Règle qu'il nous avait donnée défendait de laisser
entrer les femmes dans le Monastère, et il était très ferme
pour faire observer cette défense. Quelquefois sa sœur venait le visiter, mais il ne la laissait pas entrer dans le
couvent, il la faisait coucher à la ferme. Une fois un Comte
et une Comtesse vinrent le voir, il les fit coucher au parloir.

« Notre bon Supérieur ne pouvait pas s'imaginer le mal.
Quand on venait lui dire que quelqu'un avait mal agi, il répondait toujours : O mon *Frère*, vous devez vous être trompé.
— Dans les accidents fâcheux, il était toujours calme, patient
et résigné : Dieu l'a voulu ainsi, disait-il. — Un jour il
m'envoya à Manosque pour acheter du blé, et il me donna
l'argent qu'il me fallait. Je ne sais comment je fis, mais
quand je vins à payer, il me manqua une pièce de vingt
francs, que je dus emprunter. Je revins un peu triste à la
Cavalerie. J'allai trouver le *Père Supérieur* qui me dit :
Eh bien, *Frère Joseph*, avez-vous fait de bonnes affaires ?
— Pas trop, mon Révérend Père. — Comment ! vous êtes

triste ; que vous est-il arrivé ? — Et je lui racontai comment il m'avait manqué une pièce de vingt francs. — Et c'est pour cela que vous êtes triste ! Cela me fait de la peine. Est-ce un péché d'avoir perdu vingt francs ? Cela peut arriver à tout le monde, et c'est peut-être moi qui me suis trompé en vous remettant l'argent, et ne vous ai pas donné cette pièce qui vous a manqué. Vous auriez dû dire : C'est le bon Dieu qui l'a voulu ; vous avez manqué une bonne occasion de gagner des mérites. Voilà ce qui me fait de la peine, *Frère Joseph.*

« Quand il arrivait quelque malheur et qu'on ne l'avait pas fait exprès, le *Père Supérieur* ne faisait qu'en rire, en disant : le bon Dieu l'a voulu. C'est de cette patiente résignation qu'il nous donna un bel exemple, dans un accident où il eut un doigt écrasé. Il venait, comme nous, travailler dans les champs, et, comme nous, pendant le travail, il gardait le silence prescrit par la Règle. Un jour il vint, sans dire un mot, travailler derrière le *Frère Frédéric*, qui, monté sur une étagère, relevait un mur qui s'était écroulé. Le *Frère* ne s'était pas aperçu de sa présence, il continuait son travail, lorsqu'une pierre assez grosse lui échappe des mains. Le Père Supérieur pousse aussitôt un soupir : son doigt avait été écrasé par la pierre. Il ne fit aucun reproche, aucune observation au *Frère*, mais il partit et se rendit à pied dans un village assez éloigné, à Vitrolles, pour faire panser sa blessure par un habile médecin, M. d'Aillaud de Castellet. — Lorsque un peu après notre dîner, je le vis revenir le bras en écharpe, je lui dis : Mon *Rév. Père ?* D'où venez-vous ? — Je viens de Vitrolles faire panser mon doigt. — Mais que vous est-il arrivé ? — C'est le bon *Frère Frédéric* qui en travaillant à la muraille a laissé tomber une pierre qui m'a écrasé le doigt. — Et vous ne lui avez rien dit ? — Que voulez-vous que je lui disse ? J'aurais fait de la peine à ce bon *Frère*, qui ne l'a pas fait exprès, et mes reproches, si je lui en avais fait, n'auraient pas guéri mon mal. Il fallut du temps pour guérir cette blessure; c'était l'index de la main droite qui avait été fortement contusionné. Le *Rév. Père* resta plus de trois semaines sans pouvoir dire la messe.

« Notre *Rév. Père Supérieur* plein de confiance en la Ste-Vierge, avait et nous recommandait bien d'avoir une grande dévotion à cette bonne Mère. Il fit mettre une de ses statues dans chacune de nos cellules, et au fond du corridor du monastère, il en plaça une plus grande, devant laquelle il nous menait tous les soirs, pour nous faire chanter des cantiques, qu'il avait lui-même composés, en l'honneur de N.-D. de la Cavalerie. Il nous faisait célébrer toutes ses fêtes avec beaucoup de solennité. »

Le Père Marie Benoît a raconté lui-même, dans une lettre à Mgr Debelay, comment il venait de célébrer dans son monastère la fête de l'Immaculée Conception, le 8 décembre 1851. Trois jours après, il lui écrivait : « Je me hâte d'annoncer à Votre Grandeur, que N.-D. de la Cavalerie n'a pas cessé un seul instant d'être parfaitement tranquille. Nous avons célébré avec toute la pompe possible notre grande fête de l'Immaculée Conception. Plusieurs curés voisins se sont rendus à notre monastère. Notre Communauté, toujours édifiante et régulière, ignorait tous les évènements de ces derniers jours. Hier seulement, en faisant commencer une neuvaine pour la paix, et la tranquillité de la France, je lui en ai dit quelques mots. Nos exercices de piété et notre travail ordinaire n'ont pas été interrompus une minute. A la Bastide-des-Jourdans personne n'a remué, tandis qu'à Beaumont et à Mirabeau (pays voisins), il y a eu de grands mouvements insurrectionnels. Votre Grandeur doit savoir aussi que presque tout le département des Basses-Alpes s'est soulevé, et que

— 52 —

d'abord les insurgés ont eu partout le dessus et se sont emparés de Digne. Mais je pense que déjà ils se sont tous rendus. » (1)

Monseigneur s'empressa de lui répondre, le 13 décembre. 1851 : Je me réjouis de l'état de calme complet, que Dieu a ménagé à notre chère Cavalerie, tandis que tant d'autres localités étaient si agitées. Dieu veille toujours sur les siens. Les évènements qui viennent de s'accomplir sont à mes yeux, providentiels, il ne faut pas les repousser. Vous ferez donc sagement d'aller voter avec les vôtres. »

Dans sa solitude, le R. Père Marie Benoit se préoccupait peu des évènements politiques, il était tout entier à son œuvre ; il priait, il travaillait et souffrait de bon cœur, en observant lui-même tous les points des Règlements, qu'il proposait aux trois *Frères* qu'il avait trouvés en arrivant, et aux nouveaux venus qu'il avait admis. Il était content d'eux.

Il fit part de sa joie et des progrès de son œuvre à M. Rose, son ancien curé, qui lui faisait cette charmante et judicieuse réponse le 18 mai 1852 : « Je reçois toujours de vos nouvelles avec satisfaction, et ce que vous me marquez, touchant l'état prospère de la Cavalerie m'intéresse vivement.

---

(1) C'est dans les premiers jours de ce mois de décembre 1851, que l'insurrection contre le coup d'Etat du Président Louis Napoléon avait éclaté, dans les vallées de la Durance et du Calavon et dans le département limitrophe des Basses-Alpes. Les insurgés de l'arrondissement d'Apt étaient bravement partis en guerre, pour aller, comme ceux des Basses-Alpes, occuper le chef-lieu de leur département. Mais lorsqu'après avoir déssépa Cavaillon, ils prirent la route d'Avignon, et rencontrèrent sur les bords du Calavon le Colonel de France, à la tête de quelques compagnies de fantassins et d'un escadron de hussards; sitôt qu'ils entendirent siffler les premières balles, ils tournèrent rondement le dos, se dispersèrent et se hâtèrent de revenir dans leurs foyers, en suivant non point les grands chemins, mais les sentiers cachés des montagnes, et en allant demander timidement de quoi manger aux campagnes isolées. Leur *Anabase* fut moins glorieuse que celle des *Dix Mille*, et moins bruyante que n'avait été leur départ. Ils n'étaient pas fiers alors de leur expédition; ils s'en réjouissent maintenant eux et leurs descendants.

Et nati natorum et qui nascentur ab illis, (VIRGILE, ENEIDE, III, 98).

Et les fils de leurs fils, et ceux qui naîtront d'eux;

parce qu'elle leur assure à tous. de génération en génération, une bonne pension payée sur les fonds de l'Etat. Ainsi la république leur profite.

Car après toutes les crises que nous avons traversées, il m'est doux d'apprendre le bonheur que vous goûtez, dans votre aimable solitude et les améliorations que vous comptez faire pour dilater l'œuvre de Dieu. Au reste je ne suis pas surpris que le bien se fasse autour de vous, et que vos Religieux vous soient attachés comme à un père ; car vous avez un système de gouvernement si sage, une pratique de direction si bien entendue, que vos subordonnés seraient bien délicats, s'ils ne savaient apprécier tout ce que vous valez par le cœur et par l'intelligence. J'espère donc, qu'aidé de leur concours, vous arriverez à l'accomplissement des belles idées que vous nourrissez pour le bien de votre Communauté.... »

M. Rose ne se trompait pas : son ancien vicaire avait reçu du ciel un don particulier, pour attirer, charmer et diriger les âmes, et il s'en servait pour former ses Religieux.

6° Le Père Marie Benoit a la joie de voir augmenter le nombre de ses Religieux

L'abbé Barnouin commença son œuvre à N.-D. de la Cavalerie avec trois *Frères*, il avait bien besoin et il désirait que leur nombre s'accrût; ses désirs furent exaucés. A cette époque, il n'y avait en France pour les hommes que les monastères de la Trappe, dont le régime austère faisait peur à beaucoup. Quand on sut qu'il y avait à la Cavalerie une Communauté approuvée et encouragée par l'Archevêque du diocèse, dirigée par un prêtre plein de piété et de bonté, les demandes d'admission arrivèrent nombreuses. Le jeune Supérieur n'admit pas tous ceux qui demandèrent d'entrer, et tous ceux qu'il admit ne persévérèrent pas. Plusieurs, trouvant encore trop dure la vie de prière, de travail et de silence, à laquelle il fallait s'astreindre, se retirèrent ; d'autres avaient plus d'énergie et de bonne volonté, ils restaient et se laissaient former dans le moule religieux dont on faisait l'essai.

Quelques mois après la visite de Mgr l'Archevêque à N.-D. de la Cavalerie, le 26 août 1850, le Père Marie Benoît rendait compte à Sa Grandeur, des progrès que faisait son œuvre. « C'est avec un saint plaisir que j'ai l'honneur de vous annoncer les nouvelles bénédictions que nous avons reçues de la Sainte Vierge. Nos récoltes ont été très bonnes malgré la sécheresse de cette année. Il m'a fallu renvoyer quelques sujets comme inutiles à la maison (1), et voilà que notre chère Protectrice m'en a envoyé autant, mais très bons sous tous les rapports. Mais je crois bien faire d'attendre encore quelque temps avant de leur donner le saint habit. »

A la fin du mois de décembre 1851, le Rév. Père Marie Benoît était à la tête de douze novices convers qui portaient l'habit religieux (2) et de quelques postulants ; avec eux il essayait les *Règlements* qu'il rédigeait, les pratiques de piété et de mortification qu'il leur proposait. Nous trouvons dans les annales du monastère quelques indications sur ce que l'on fit, dans ces premiers essais de vie religieuse.

La veille de Noël 1851, à l'office solennel des Matines, les *Frères* s'inclinèrent pour la première fois, à ces mots du *Te Deum : Tu ad liberandum.... non horruisti Virginis uterum*, à l'imitation de sainte Lutgarde, religieuse cistercienne, à qui la sainte Vierge avait dit de s'incliner,

______

(1) Le Frère Joseph a raconté comment le Père Marie Benoît renvoya un de ses novices. « Notre Père Supérieur était très charitable, et il voulaitque nous le fussions aussi entre nous. Un dimanche nous étions en récréation devant la chapelle. Le Frère qui avait balayé l'église, avait laissé les balayures sur l'escalier, devant la porte ; et voilà que le *Frère G...* qui était prêtre se met à dire : Il faut n'avoir pas de bon sens pour laisser là ces balayures ; elles ne font pas honneur à celui qui les a laissées. Le Père Supérieur ne répondit rien ; mais le Frère G... se remit à dire : Certainement que celui qui a laissé ces balayures n'a pas de bon sens ; elles vont très mal là. Alors le Père Supérieur lui dit doucement : Allons, mon Frère, je n'ai pas donné récréation pour nous faire de la peine les uns aux autres. Je les supporte ces balayures, pourquoi ne les supporteriez-vous pas aussi ? Le *Frère G...* se fâche, s'emporte, et le Père Supérieur lui dit : Allez dans votre chambre et apprenez à ne pas manquer à la charité. Mais le *Frère G...* réplique encore vivement, et le Père Supérieur lui dit : Allez faire votre paquet, et partez ! Le Frère G... quitta le couvent et ne fit pas bonne fin. »

(2) Ces premiers novices étaient les Frères Joseph, directeur du travail, Vitalis, Claude, Stanislas, Fidèle, Antoine, Auguste, Pierre, Michel, Jacques, Léon et François.

chaque fois qu'elle entendrait chanter ce verset, qui était celui qui lui plaisait davantage.

Le dernier jour de l'année, après une chaleureuse exhortation, le Rév. Père conseilla de garder un silence profond, pour réparer les fautes commises pendant l'année. Le soir les *Frères* se rendent après souper, à l'église pour réciter les psaumes de la pénitence, les litanies des saints et le saint Rosaire, afin de remercier Dieu des grâces qu'il leur a accordées.

Le 8 février 1852, jour de la Septuagésime, la Communauté se réunit et décide, qu'à l'avenir on retranchera la demi-heure de récréation du soir, et que, tous les jours de l'année, on se privera de poisson ; que, pendant le carême, la demi-heure de récréation retranchée serait employée ainsi qu'il suit : le dimanche, à la récitation des quinze oraisons de sainte Brigitte ; le lundi, à l'office des morts ; le mardi, au chemin de la Croix ; le mercredi aux psaumes graduels ; le jeudi, encore au chemin de la Croix ; le vendredi aux psaumes de la pénitence, et le samedi, au Rosaire.

Le 24 septembre, fête de N.-D. de la Merci, les solitaires de N.-D. de la Cavalerie ont commencé à réciter le chapelet de six dizaines, pour se conformer à l'ancienne *Règle*. Voici comment cela se pratique : on sonne le matin à 8 heures, à 9 h., à 10 h., et à 11 h., le soir à 3 heures, à 4 h., et à 5 h. A 8 heures ; on dit le *Credo* avec trois *Ave*, et à chacune des autres heures, on dit une dizaine de chapelet.

Le 5 septembre de l'année précédente 1851, on commença les pratiques de dévotion au Sacré Cœur de Jésus, qui se font le premier vendredi de chaque mois. Mgr l'Archevêque en avait accordé la permission le 30 juillet précédent, après avoir recommandé de ne pas trop multiplier les pratiques de dévotion, il avait écrit le 6 juillet : « J'approuve assurément l'attrait que vous avez, pour faire honorer d'une manière toute particulière le Sacré Cœur de Jésus et de

Marie ; mais il est bon de s'en tenir aux traditions de la *Règle* et de votre Institut. En introduisant une pratique un jour, et le jour suivant une autre pratique, on finit bientôt par surcharger la dévotion, et nuire au bien général qu'on se propose. »

Cependant, c'était par les pratiques de piété que le Rev. Père Marie Benoît entretenait la ferveur, parmi ses novices convers, et les disposait à leur profession religieuse. Pendant plusieurs mois il les prépara par des instructions spéciales ; et quand il les jugea assez prêts, il en informa Mgr l'Archevêque, qui lui répondit, le 17 janvier 1851 ! « Je vous autorise à recevoir les vœux simples, pour cinq ans, de vos bons *Frères*, après examen compétent. »

La première cérémonie de profession se fit à N.-D. de la Cavalerie, le 25 mars 1851. Après une retraite de cinq jours, dix *Frères* firent leurs vœux simples pour cinq ans. C'étaient les *Frères* Joseph, Claude, Stanislas, Fidèle, Antoine, Auguste, Pierre, Jacques, Michel et Louis.

Dès lors la communauté des Bénédictins de l'Immaculée ne cessa de croître et de prospérer, et tous ceux qui avaient reconnu que le Rév. Père Marie Benoît était bien animé de l'esprit de Dieu, eurent confiance en lui, et le félicitèrent de ses succès.

M. Martin, grand vicaire d'Avignon, lui écrivait le 9 juillet 1852 : « Béni soit Dieu qui continue à répandre ses bénédictions sur votre intéressante Communauté ! L'œuvre ne fera que se développer et s'affermir avec le temps, et j'ai confiance que vous deviendrez le père d'une grande postérité. Il en sera ainsi, si la présence de Dieu remplit bien votre vallon, si vos bons *Frères* se conservent dans la charité, dans l'esprit d'humilité et d'obéissance, avec cela on va loin et longtemps. »

Peu après, M. Sermand, aussi grand vicaire de Mgr Debelay, lui écrivait, le 12 août 1852 : « Je contribuerai de tout mon pouvoir à la réussite de l'Œuvre, à laquelle vous vous êtes consacré. C'est une œuvre excellente, une œuvre de régénération pour ces contrées, qui ont un besoin bien grand de l'instruction et des exemples que fournit la Religion. » Le 18 octobre suivant, M. Sermand vint visiter le monastère de la Cavalerie, avec M. Sardon, trésorier de la Propagation de la foi; et à son retour, le 26 du même mois, il écrivait au Révérend Père Marie Benoît : « Je suis heureux d'avoir vu votre Communauté, et d'avoir été témoin de l'ordre qui y règne. »

A cette même époque, M. Augustin Canron, qui avait publié en 1850, une notice sur Sénanque et Notre-Dame de l'Hermitage à la Cavalerie, attesta l'état prospère de la Communauté que venait de fonder le Rév. Père Marie Benoit. Il disait, dans une page de la *Revue des bibliothèques paroissiales de la Province d'Avignon :* « De même que le grain de sénevé, fécondé par la rosée du ciel, devient un grand arbre, la colonie naissante de l'abbé Barnouin a reçu des bénédictions du premier Pasteur, la grâce du développement. A l'heure où nous traçons ces lignes, quinze religieux, dont deux sont prêtres, se livrent avec ardeur dans cette paisible retraite, aux travaux des champs et à la prière. A la vue de ces cénobites, qui dans la force de l'âge ont tout quitté, pour se vouer aux exercices de la vie religieuse, et aux rudes travaux de la campagne, n'attendant que de Dieu la récompense de leurs sueurs ; on se sent saisi d'admiration et pénétré de respect. Ce serait peu de dire, combien un tel établissement est, pour les populations environnantes, un sujet d'édification et d'encouragement, il faut ajouter que la renommée des pieux solitaires s'étend au loin, non-seulement dans les archidiocèses d'Avignon et d'Aix, mais encore dans les diocèses de la Provence, du Dauphiné et du Languedoc. La Communauté de N.-D. de la Cavalerie sera bientôt assez nombreuse, pour que deux essaims sortent de cette ruche et aillent se fixer : l'un au diocèse de Fréjus à Ollières, où cette petite branche du grand arbre Bénédictin poussa ses premiers rejetons, et l'autre aux portes de notre ville d'Avignon.

7° Divers projets de fondations

Le R. Père Marie Benoit comprenait que l'œuvre, qu'il avait entreprise à la Cavalerie, avait une force d'expansion ; qu'elle était comme un olivier vigoureux, dont les rejetons doivent être transplantés ailleurs. Il voyait que le domaine, qui entourait son monastère, ne suffisait plus pour occuper et nourrir le nombre croissant de ses Religieux, c'est pourquoi il accueillait volontiers les projets de fondation qu'on venait lui proposer, et il savait bien en former lui-même.

On lui proposa d'abord d'établir ses Religieux à Ollières, et dans une campagne, près d'Avignon. Il ne put donner suite au premier de ces projets; quant au second, qui lui plaisait, il s'y intéressa davantage. Il écrivait le 20 décembre 1850, à Mgr Debelay : « Je viens annoncer une bonne nouvelle à Votre Grandeur, dont je connais la haute piété et le zèle ardent pour le salut des âmes. M. Goudareau m'avait fait écrire par M. Canron, au sujet d'un établissement de nos *Frères* près d'Avignon. Je lui ai répondu de bien mûrir son louable projet, et de le soumettre à Votre Grandeur. Ayant reçu de nouveau une de ses lettres et voyant que notre Communauté augmente ; considérant surtout le bien immense que ce serait, aux yeux de la religion et de l'humanité, de retirer de pauvres enfants du milieu du mal, et de les former à l'amour du travail des champs, tout en les rendant de bons chrétiens, j'ai voulu vous en faire part, Monseigneur, vu que peut-être bientôt nous pourrons, avec l'aide de Dieu et la protection de la

Très Sainte Vierge, fonder cet établissement, selon le but que se propose ce digne Monsieur d'Avignon. J'irai le voir après les fêtes de Noël, pour m'entendre avec lui. Mais auparavant j'aurai l'honneur de me rendre auprès de Votre Grandeur, pour apprendre d'Elle comment je dois agir. Je lui présenterai à cette occasion notre *Règlement* et nos *Constitutions.* »

Le R. Père Marie Benoit désirait beaucoup de faire cette fondation qu'on lui proposait dans les environs d'Avignon, parce qu'il espérait pouvoir y établir un orphelinat agricole. Il avait fait approuver ce projet à Mgr l'Archevêque qui lui écrivait, le 6 juillet 1851 : « Ainsi que vous, je regarde, comme une des fins les plus précieuses de votre pieux Institut, l'éducation religieuse et agricole des enfants orphelins ou abandonnés. D'autres enfants appartenant à la classe aisée de nos bons laboureurs vous seront confiés par la suite, et deviendront, je l'espère, une ressource pour la maison où ils seront admis. »

Pour mettre à exécution ce projet d'orphelinat, il fallait des ressources considérables, et le Père Marie Benoit en était bien dépourvu. Il essaya de recourir à la charité chrétienne. On a trouvé dans ses papiers le manuscrit du chaleureux appel, qu'il faisait aux âmes charitables, en faveur de son futur orphelinat. Il l'avait rédigé avec son cœur, avec le talent particulier qu'il avait pour faire ces pieuses réclames. A cause du manque de ressources, il ne put créer cette belle œuvre près d'Avignon, et donner suite à ce projet de fondation. M. Barrère, vicaire général de Mgr Debelay, lui écrivait le 8 mars 1852 : « Que deviendriez-vous, vous et les Religieux de votre maison, si les deux propriétaires légaux de la Cavalerie venaient à mourir, sans avoir rien fait pour vous assurer la jouissance des terres que vous exploitez, et de la maison qui vous sert d'asile ? Et tant qu'ils n'auront rien fait à cette fin, comment entreprendre encore l'œuvre importante d'un orphelinat? »

Vers la même époque, on proposa au Père Marie Benoit de faire une fondation dans la commune de Pompignan, diocèse de Nîmes. Madame de Dax, propriétaire de l'ermitage de N.-D. de Monier, lui écrivit plusieurs fois, au printemps de 1853, pour lui demander quelques-uns de ses Religieux. Mais il s'agissait de garder un tombeau de famille ; l'habitation et le domaine adjacent étaient trop exigus pour une Communauté de Frères agriculteurs, et en conséquence le Père Marie Benoît ne put accepter les propositions qui lui étaient faites.

Il fut aussi question d'un autre projet qui lui souriait davantage, c'était d'établir une colonie de ses frères dans une maison de campagne près de Lapalud. Il aurait aimé d'avoir un de ses établissements dans cette paroisse, où son souvenir était toujours vivant, où il aurait été heureux de continuer le bien qu'il y faisait, quand il était vicaire. M. Rose lui écrivait à la fin de 1852 : « Le cœur se porte où il a été heureux, il aime à franchir les distances, pour se fixer dans les lieux, où nous avons fait le bien, où se trouvent nombreuses les personnes qui savent l'apprécier. Mais, s'il en est ainsi, pourquoi ne revenez-vous pas dans un pays qui vous a donné tant de marques d'intérêt? Vous êtes sûr d'y être accueilli de la manière la plus gracieuse. Vous éprouverez de votre côté un doux plaisir de vous retrouver auprès d'un curé qui vous aime, et qui n'oubliera jamais les heureux jours, que nous avons passés ensemble, dans l'administration d'une paroisse, difficile sans doute, mais qui de temps à autre nous donnait de douces consolations. »

Cette lettre était bien faite pour exciter les désirs du Supérieur de N.-D. de la Cavalerie. Le domaine qu'on lui proposait près de Lapalud était assez vaste : cinquante hectares de terres labourables, vignes et bois. En fait de bâtiments, il n'y avait que la ferme pour l'exploitation agricole, il aurait fallu faire toutes les constructions nécessaires, pour l'habitation et les exercices d'une Communauté de religieux. Cette propriété appartenait à M. Augustin de Villeperdrix, homme très recommandable pour sa charité et ses sentiments religieux. Le Père Marie Benoit lui écrivit, et comme à cause de l'exiguïté de ses ressources, il ne pouvait songer à acheter, il lui insinua aussi bien qu'il put l'idée d'une donation. M. de Villeperdrix lui répondit, le 12 août 1853 : « Je ne mérite pas la bonne opinion que vous avez conçue de moi, et je pense que vous en rabattrez un peu, quand je vous aurai dit que je ne puis souscrire à la proposition, dont vous me faites l'honneur de m'entretenir.

« M'abuserais-je en croyant, que Dieu n'exige pas d'un père de famille, qu'il s'engage dans aucune transaction préjudiciable, du moins d'une manière trop forte, aux intérêts de ses enfants ? Que sur ses revenus il fasse la part des bonnes œuvres, suivant une mesure proportionnée à ces mêmes revenus, et aux charges dont ils sont grevés, je l'admets. et j'ajoute même que c'est un devoir. Mais un autre devoir lui incombe aussi, c'est celui de laisser intact à ses enfants, l'héritage qu'il a reçu de ses pères... Si vous croyez que je sois dans l'erreur, demandez à Dieu qu'il m'éclaire des lumières de son esprit, et me fasse connaître sa volonté, de telle sorte que je ne puisse lui résister sans péché... »

Cette lettre termina la négociation de ce projet de fondation.

L'abbé Barnouin avait une grande dévotion à N.-D. de la Salette. Il était vicaire à Lapalud à la fin de 1846, lorsque la nouvelle de l'apparition commença à se répandre partout ; il s'y intéressa vivement, et ne se contenta pas des récits qu'il lisait dans les journaux, il se mit en correspondance avec M. Mélin, curé de Corps, et M. Girin, curé de de Saint Jean des Vertus, paroisse voisine de la Salette, qui lui confirmaient l'exactitude des relations imprimées, et lui donnaient de nouveaux détails. Le vicaire de Lapalud s'était constitué l'apôtre de N.-D. de la Salette, il en propageait la croyance et la dévotion, il communiquait à son entourage et à ses amis les lettres et l'eau de la fontaine qu'il avait reçues. M. l'abbé Crévoulin lui répondait le 14 janvier 1847. « Merci de votre aimable lettre et des détails qu'elle contient. Je connais l'apparition de N.-D. de la Salette, j'en ai la relation. Nous sommes avertis, tenons-nous prêts, nous savons ce que la Mère veut ; que les enfants obéissent. »

A N.-D. de la Cavalerie, le Père Marie Benoit n'avait pas moins de confiance et de dévotion à N.-D. de la Salette. Il était en correspondance avec les Pères Missionnaires, qui lui donnaient les renseignements qu'il leur avait demandés, sur le pèlerinage du 19 septembre, sur les miracles opérés, sur la conversion des populations voisines, sur Maximin et Mélanie, sur les moyens de se procurer de l'eau de la fontaine de la Salette. Il caresssait même le projet d'établir ses religieux tout proche du lieu de l'apparition. Qui sait, se disait-il, si pour faire son établissement, on ne pourrait pas lui donner une part des offrandes que l'on faisait à N.-D. de la Salette ? Il en fit la demande, et pour qu'elle fût mieux agréée, il la fit faire par M. le chanoine Mazelier, vicaire général de Valence. Celui-ci reçut de M. l'abbé Rousselot la réponse suivante, datée de Grenoble le 2 juin 1852 : « Notre vénérable Prélat a établi pour desservir le pèlerinage de la Salette un corps de missionnaires diocésains. Il a acquis sur la montagne le terrain nécessaire pour la construction d'un sanctuaire, d'une maison pour les missionnaires, et d'un hospice pour les pèlerins. Ce terrain nécessaire au développement des cérémonies et des processions du pèlerinage, ne recevra pas d'autres constructions. Les dons faits, les offrandes promises n'ont d'autre destination que l'œuvre du pèlerinage. On ne pourrait consciencieusement les appliquer à un établisssment, utile sans doute, mais en dehors de l'enceinte du pèlerinage, et sur les flancs de la montagne.

« Si M. l'abbé Barnouin voulait acheter, de la commune ou des particuliers, des terres cultivables, et y construire un monastère, je ne vois pas pourquoi on s'y opposerait, ni qui pourrait s'y opposer. Cependant il est bon de savoir que ces montagnes ne présentent que des pâturages ; que pendant six mois de l'année, elles sont couvertes de neiges abondantes; qu'elles n'ont point d'arbres ; que la culture en serait difficile et peu productive, surtout près de l'enceinte réservée au pèlerinage. C'est donc, à ses frais et périls, qu'une Communauté quelconque pourrait s'établir dans les montagnes de la Salette. Elle serait un sujet d'édification pour les habitants du voisinage et pour les pèlerins ; mais son établissement serait bien difficile et coûteux, comme on peut le comprendre par l'inspection des lieux. »

Cette réponse, quand elle fut communiquée au Révérend Père Marie Benoit, fit évanouir toutes ses espérances et ses illusions. Il reconnut qu'il ne devait plus songer à s'établir près de N.-D. de la Salette.

Ainsi aucun de ses projets de fondation ne réussissait. Cependant il sentait que son entreprise avait une force d'expansion, qu'elle devait s'étendre et ne pas toujours rester enfermée dans le vallon de la Cavalerie, où sa Communauté commençait à se trouver à l'étroit. Les quatre années qu'il y passa furent une époque d'initiation, de pénible enfantement de l'œuvre qu'il se sentait appelé à faire. Il se donnait du mouvement, mais c'était Dieu qui le menait au but qu'il lui avait destiné, et lui restait toujours entre ses mains comme un instrument docile. En voulant fonder de nouveaux établissements, il ne pensait pas à quitter son monastère de N.-D. de la Cavalerie. Mais Dieu allait faire survenir des circonstances qui le détermineraient à quitter la Cavalerie, pour aller restaurer deux antiques et célèbres monastères. De nouvelles fatigues, de nouveaux efforts lui étaient réservés; mais le succès devait les couronner; l'abbé Barnouin devait fonder une nouvelle Congrégation cistercienne, il devait être d'abord Abbé de Sénanque, et ensuite de Lérins.

8ᵉ Le Révérend Père Barnouin s'efforce vainement de devenir propriétaire de la Cavalerie

A l'archevêché d'Avignon, on s'intéressait toujours vivement à l'œuvre entreprise par l'abbé Barnouin, mais l'on se préoccupait de sa situation précaire à la Cavalerie, qui restait toujours la propriété de M. Figuière et de M. Conil. Les Religieux de ce monastère jouissaient des avantages de la solitude; ils se livraient avec ardeur à leurs exercices, à leurs travaux, sans se soucier de ce qui se passait dans le monde, ni des partis politiques, dont les discussions n'avaient pas d'écho dans leur désert. Cependant une préoccupation venait parfois leur donner quelque inquiétude sur leur avenir. Depuis qu'ils étaient à la Cavalerie, ils avaient fait des travaux et des dépenses considérables, pour réparer les bâtiments, pour défricher et rendre productives des terres incultes; et pour obtenir ces résultats, ils avaient contracté quelques dettes. Ils avaient bien les récoltes, mais elles ne suffisaient plus à la pauvre subsistance des *Frères* de plus en plus nombreux. Les propriétaires du monastère et de ses attenances avaient bien dit qu'ils en céderaient la propriété, mais ils ne se hâtaient guère de la céder; ce n'étaient donc que des paroles

qui s'envolent, et non des écrits qui restent : *Verba volant,
scripta manent*. Les Religieux se demandaient, s'ils ne
seraient pas frustrés du fruit de leurs travaux, si les propriétaires ou leurs héritiers n'en jouiraient pas un jour, si déjà
on ne disait pas des pauvres *Frères Agriculteurs :*

> *Sic vos, non vobis, fertis aratra, boves !*

Ils croyaient que leur Père Supérieur ne s'inquiétait
guère de cette situation, et ne se préoccupait pas assez de
l'avenir. Le Frère Joseph nous a laissé ses souvenirs sur
les évènements qui se passèrent alors, et auxquels, il
pouvait dire, qu'en sa qualité d'économe, il avait pris une
bonne part, *et quorum pars magna fui.* « Notre Père
Supérieur, disait-il, n'était pas méfiant. M. le chanoine
Figuière avait promis de lui céder la propriété de la
Cavalerie, mais il tardait bien d'exécuter sa promesse.
Vous feriez bien, disions-nous à notre R. Père, de prendre
vos précautions ; ces Messieurs d'Aix ne vivront pas
toujours, et vous n'avez aucun écrit passé avec eux. —
Oh ! nous répondait-il, vous croyez que leurs héritiers
garderaient la Cavalerie pour eux. Et nous insistions pour
ne pas laisser s'éterniser l'incertitude où nous étions.

« Sur ces entrefaites, notre Rév. Père m'envoya faire
quelques commissions à Aix. Je dinai chez M. le chanoine
Figuière, et après dîner, je lui dis : j'ai cassé le verre de
ma montre, je vais le faire remplacer. — Allez, me dit-il,
chez mon neveu qui est horloger, et demeure tout près
d'ici. J'y allai, et pendant que cet horloger, qui ne me
connaissait pas, changeait le verre de ma montre, voilà
qu'un Monsieur, grand, bien mis, entre et se met à lui dire :
« Tu es un veinard, toi ! Tu as de la chance, dans peu de temps
tu vas être l'homme le plus heureux du monde, ton oncle
t'a acheté le domaine de la Cavalerie, on te le défriche, on
le rend productif, tu n'auras qu'à jouir de toutes ces améliorations. »

« Moi, ajoutait le Frère Joseph, j'écoutais tout cela, je ne disais rien, mais je n'en pensais pas moins ; et quand je fus de retour au monastère, je racontai le tout à notre Père Supérieur. — Ah ! ah ! me répondit-il, alors ça va bien, j'écrirai. Il écrivit, en effet, à M. Figuière : « Voilà quatre ans que nous travaillons et faisons de grosses dépenses à la Cavalerie. Vous avez promis de nous la donner, quand est-ce que vous accomplirez votre promesse ? » — Pas de réponse. — Le Père Supérieur attend un mois et demi, et il écrit de nouveau. On lui répond alors : « la Cavalerie nous a coûté cher, ce serait trop de vous la donner gratuitement, il faudrait nous payer six mille francs. »

« Alors notre Père Supérieur me dit : Il y a à la Trappe un Monsieur qui me donnera les six mille francs. Je vous y enverrais bien, vous, pour les recevoir, mais ce Monsieur ne vous connaît pas, il vaut mieux que j'y aille moi-même. Partez avec moi, vous irez à Avignon, où un Monsieur, qui me l'a promis, vous remettra un cheval avec une jardinière ; avec cet équipage vous reviendrez à Cavaillon. Là, le premier de nous deux qui arrivera attendra l'autre. Le Père Supérieur y arriva en même temps que moi. Il revenait à pied de la Trappe d'Aiguebelle, car il faisait presque toutes ses courses à pied. Il en apportait les six mille francs qu'il s'empressa d'offrir à ces Messieurs d'Aix. Mais alors ils en voulurent douze. Puisque c'est comme ça, me dit notre Père Supérieur, nous abandonnerons la Cavalerie. »

Le Frère Joseph est assez exact dans son récit, mais il ne savait pas tout. Son Supérieur s'occupait, plus qu'il ne paraissait le faire, de l'état actuel de sa Communauté et de son avenir ; il ne pouvait et ne devait pas dire à ses Frères tont ce qu'il faisait ; mais il ne négligeait rien pour sortir de l'état incertain où il était. Dès le mois de janvier 1852, il avait rappelé à M. Figuière et à M. Conil, la promesse

qu'ils avaient faite de lui céder la Cavalerie, et, comme ils
ne se pressaient pas de lui répondre, il s'adressa à l'Archevêché d'Avignon.

M. Barrère lui répondit le 8 mars 1852 : « Il faut laisser
ces Messieurs d'Aix réfléchir sur les propositions que vous
leur avez faites. Il serait à souhaiter qu'ils eussent une
entrevue avec Mgr l'Archevêque : ils comprendraient sans
peine, qu'il y a quelque chose à faire, pour que votre
entreprise devienne une œuvre diocèsaine. »

Comme ses négociations avec Aix n'avaient pas grand
succès, le R. Père Marie Benoit proposa à son Archevêque
d'acheter, au nom du diocèse, le monastère de la Cavalerie
et les terres attenantes. Mgr Debelay aimait beaucoup
l'abbé Barnouin ; pour lui, disait le Frère Joseph, il se serait
fendu en quatre ; il aurait voulu répondre à ses désirs. Il
soumit sa proposition au conseil archiépiscopal, mais elle ne
fut pas approuvée, parce que le maintien des œuvres proprement diocèsaines causait déjà assez de sollicitudes à
Monseigneur, sans qu'il en léguât de nouvelles à ses successeurs, en dehors d'une véritable nécessité, qui n'existait pas
dans le cas présent. Le 10 décembre 1852, Monseigneur
informa lui-même le R. Père Marie Benoit de cette décision,
et pour lui témoigner sa grande bienveillance, il ajouta ces
paroles encourageantes : « Néanmoins, soit que l'œuvre
de la Cavalerie reste la propriété de M. Figuière et de
M. Conil, soit qu'elle devienne vôtre, soit qu'elle se rattache
à un Ordre déjà existant, ce qui serait pour elle un appui
et une garantie, Nous lui conserverons Notre protection et
Notre bienveillance, Nous ferons des vœux pour son
agrandissement et sa parfaite constitution et stabilité.....

« Nous serons heureux, aussi longtemps que la Cavalerie
se maintiendra dans le bon esprit, dont elle fait preuve
aujourd'hui, et depuis sa fondation, de lui donner toutes les
preuves possibles de Notre dévouement et de Notre affection. »

Le R. Père Marie Benoît fit de nouvelles instances et de nouvelles propositions, pour devenir propriétaire de la Cavalerie. M. Conil lui répondait, le 17 avril 1853 : « Je vous l'ai dit et redit : l'année ne se passera pas, sans que tout s'arrange ; avec l'agrément de notre Archevêque, nous sommes disposés à faire les plus grands sacrifices pour N.-D. de la Cavalerie. S'il n'avait été question que de sept à huit mille francs, ils auraient été abandonnés depuis longtemps, avec tout ce que nous avons sacrifié, et ce que nous sacrifierons encore. »

Le Père Barnouin aimait bien de rester sous la direction de Mgr Debelay, mais il ne lui plaisait guère d'être aussi sous celle de l'Archevêque d'Aix. Il sentait que pour organiser et développer son œuvre, telle qu'il la comprenait de mieux en mieux, il avait besoin d'être libre dans ses mouvements, d'avoir une certaine indépendance ; pour cela il lui fallait être propriétaire du monastère, où sa Communauté était établie ; et il voyait bien que ces Messieurs d'Aix voulaient au moins rester copropriétaires, et collaborer, avec l'intervention de leur Archevêque, à la direction de la bonne œuvre qui se faisait à la Cavalerie.

M. Conil écrivait encore le 10 octobre 1853 : « Mon cher Supérieur, j'ai vu Mgr notre Archevêque, et je l'ai entretenu de votre proposition, et de notre intention de former une société de quelques membres pour assurer l'avenir de la Cavalerie. Il m'a dit qu'il réfléchirait, et nous écrirait ensuite, pour nous informer de sa détermination ; car je désire, aussi vivement que vous, d'en finir avant la fin de cette année. — Ne faites part de rien à vos *Frères* ; c'est important. — Ecrivez-moi d'une manière nette quelle serait votre manière de voir. La propriété de la Cavalerie sur votre tête seule aurait des inconvénients graves, après votre mort ; jamais on ne peut répondre d'une disposition testamentaire. »

La manière de voir du R. Père Marie Benoit, c'était de devenir propriétaire de la Cavalerie : il le voulait, et il offrait pour l'acquérir une somme considérable. Mais ces Messieurs d'Aix voulaient aussi énergiquement rester copropriétaires, et refusaient ses propositions. M. Figuière lui écrivait le 20 février 1854 : « Nous ne comprenons pas l'article de dix mille francs, dont vous nous parlez ; il faut expliquer cela : voulez-vous donner dix mille francs, et pour les dix mille qui resteront, vous en charger seul, moyennant que la propriété intégrale de la Cavalerie passe sur votre tête seule ? Est-ce là ce que vous entendez ? Si vous l'entendez ainsi : cela ne peut pas être, parce que, si vous veniez à mourir, malgré votre testament, vos parents pourraient réclamer, et avoir au moins la moitié, sinon le tout. Par là aussi nous serions à la porte.

« Donnez huit mille francs, il en restera douze, dont M. Conil, vous et moi nous répondrions. Cela me paraîtrait plus sage, puisque nous n'aurions jamais que du bien à faire à la Cavalerie... Si cette proposition vous va, il faut en finir au plus tôt. Si ces Messieurs d'Avignon veulent entrer dans la Société, nous le voulons aussi. Alors c'est oui que je réponds, pour moi et pour M. Conil. »

Sur la même lettre M. Conil ajoutait quelques lignes, qui expliquaient très bien ses intentions : « J'ai dit qu'on passerait l'acte d'achat sur mon nom, et qu'en même temps je ferais une déclaration, pour mettre la propriété dans la Société. J'ai dit que la Société, ayant la propriété par acte sous seing privé et par actions, ne courrait aucun risque de reconnaître vingt mille francs de dettes, puisqu'elle posséderait un immeuble de quarante mille francs... »

Le Père Marie Benoît comprit bien les intentions des propriétaires de la Cavalerie, il vit qu'il ne pourrait jamais s'entendre avec eux, et qu'il devait songer à s'établir ailleurs.

Le 29 mars M. Figuière lui écrivait encore : « J'ai l'honneur de vous dire, que Mgr d'Aix désire qu'il se forme une Société. Il s'agit de s'en occuper au plus tôt... Une fois la Société formée, il n'y aura plus moyen de changer la destination de la Cavalerie. Est-ce que vos Messieurs d'Avignon, qui devaient être membres de la Société, ne le veulent plus ? »

Le Père Marie Benoit, qui était sur le point de terminer les pourparlers, concernant l'acquisition de l'Abbaye de Sénanque, répondit le 12 avril à M. le chanoine Figuière, que les Messieurs d'Avignon ne voulaient plus être de la Société, et que lui-même avec ses Religieux allait se retirer de la Cavalerie.

9° Le Père Marie Benoit achète l'abbaye de Sénanque

En 1850, lorsque le monastère de Sénanque n'était connu que des habitants du voisinage, M. A. Canron l'avait visité, et avait écrit une notice d'une douzaine de pages qu'il terminait ainsi : « Le moment semble venu où la Religion va de nouveau prendre possession de l'abbaye de Sénanque. Déjà des démarches ont été faites dans ce but auprès des propriétaires actuels, que nous savons parfaitement disposés. Tout nous fait donc espérer que le diocèse d'Avignon pourra compter bientôt un monastère de plus. »

Le Père Marie Benoît fut un des premiers à recevoir cette notice de son ami M. Canron. Si alors il jeta un regard de convoitise sur Sénanque, il ne put songer à l'acquérir pour y envoyer une colonie de ses *Frères Agriculteurs*, qui, fort peu nombreux alors, n'étaient encore qu'au début de leur formation à la vie religieuse. Mais lorsque le nombre de ses Religieux s'étant augmenté, il vit qu'il lui serait bien difficile de devenir propriétaire de la Cavalerie, sa pensée se reporta sur Sénanque, où il pourrait, sans être soumis à d'autre direction que celle de son dévoué Archevêque, prendre toutes les dispositions qu'il jugerait nécessaires, pour la formation et le progrès de sa fervente et laborieuse Communauté. Il y serait plus proche d'Avignon, tandis que à la Cavalerie, il en était à la distance de cent kilomètres. Il eut un grand désir d'aller s'établir à Sénanque, et il consulta d'abord le Révérend Père Bonaventure, Abbé de la Trappe d'Aiguebelle, qui lui répondit, le 31 mai 1853 : « J'approuve beaucoup le projet que vous avez de faire l'acquisition du monastère de Sénanque. Vos raisons me paraissent fort bonnes. Je sais quelles sont vos ressources ; mais lorsqu'il s'agit d'une bonne œuvre, il faut compter beaucoup sur la Providence. »

Ainsi encouragé, le Révérend Marie Benoit communiqua son dessein à Mgr Debelay, qui connaissant le dénument du Supérieur de la Cavalerie, et comprenant les grandes dépenses qu'occasionnerait son établissement à Sénanque, le dissuada énergiquement de son projet. « Mon cher abbé, lui écrivit-il, le 9 juin, je conserve précieusement mes sympathies à votre œuvre de la Cavalerie, et je vous engage à ne pas porter vos vues ailleurs, avant que cette œuvre ne soit définitivement constituée.

« La confiance en la divine Providence est un sentiment fort naturel, elle est même un devoir. Mais quand nous sommes responsables de l'avenir d'une Communauté, nous ne devons pas négliger les règles de la prudence ordinaire. Je veux, (ce qui n'est pas), que vous ayez à votre disposition de quinze à vingt mille francs, pour payer la moitié du prix de l'abbaye de Sénanque, et je crois que vous devriez encore fort hésiter de vous y transporter.... La petite propriété qui est unie à l'abbaye produit beaucoup moins que celle de la Cavalerie. Vous auriez une magnifique église, mais beaucoup moins de logement pour votre personnel. Ajoutez le prix des réparations qui dépassera assurément vos prévisions... Faites comme moi, prenez encore patience, et attendez avec confiance que la Providence se soit prononcée sur toutes choses. »

Le Révérend Père Marie Benoit suivait ce conseil, il tâchait de prendre patience, et espérait que les deux propriétaires de la Cavalerie se montreraient plus conciliants. Mgr l'Archevêque lui adressait de temps en temps quelques paroles encourageantes. Il lui écrivait le 2 novembre 1853 : « Je me réjouis des consolations que Dieu vous ménage à la Cavalerie. Je vous félicite des saintes dispositions qu'il met en vous, et je lui demande de vous les conserver, en les perfectionnant de plus en plus : *ibunt de virtute in virtutem.* »

Après avoir dit que, depuis plus d'un an, il n'avait plus revu MM. Figuière et Conil, Monseigneur ajoutait : « Il reste donc beaucoup à faire pour constituer votre petit couvent de Bénédictins. Malgré tout mon bon vouloir pour vous et vos chers *Frères*, je crois qu'il y aura à attendre plus que vous ne pensez... Mais ce qui doit vous consoler et vous fortifier dans l'espérance d'un bon avenir, c'est l'état soutenu et amélioré de votre maison, depuis près de cinq ans.

« Je n'espère guère vous voir avant mon voyage à Pertuis.... Prenez donc patience, en vous persuadant de plus en plus, que quelque éloigné que vous soyez de votre Evêque, il vous bénit chaque jour, ainsi que les bons *Frères* attachés à votre sainte œuvre. »

M. Sermand écrivait aussi, le 4 janvier 1854 : « Monseigneur l'Archevêque voit avec une véritable satisfaction les améliorations considérables, qui ont été faites au monastère de la Cavalerie, sous votre direction. Il fait les vœux les plus sincères pour le succès de votre œuvre, qui peut être si utile et si avantageuse aux populations environnantes. »

Ces encouragements faisaient un peu prendre patience au Révérend Père Marie Benoit ; cependant, lorsque dans les premiers mois de 1854, les réponses de MM. Figuière et Conil lui firent bien comprendre qu'il ne pourrait jamais devenir propriétaire de la Cavalerie, il désira vivement de faire l'acquisition de Sénanque, pour y transférer sa Communauté.

La distance à vol d'oiseau de ce monastère à L'Isle n'est que d'une dizaine de kilomètres ; mais comme il est loin de tout chemin fréquenté, au fond d'un vallon, au milieu de la montagne, qui s'élevant à pic au-dessus de la fontaine de Vaucluse, se prolonge à l'est entre Gordes et Vénasque, il n'était connu que des bergers et des paysans du voisinage, ainsi que de quelques rares touristes ; l'abbé Barnouin n'y était jamais venu. Il voulut le voir et se rendre compte de son état de conservation ou de ruine. On se souvient encore qu'il vint, au mois de février 1854, chez M. Isnard, curé doyen de Gordes, et que, sans dire un mot de ses intentions, il alla se promener jusqu'à Sénanque, avec M. le Curé et ses deux vicaires, qui ne se doutaient de rien, et furent agréablement surpris, lorsque, deux mois plus tard, ils apprirent que M. le Supérieur de la Cavalerie venait s'établir, avec ses Religieux, dans leur antique abbaye.

Le site solitaire, au fond d'une vallée profonde, tel qu'il le fallait pour un établissement de Bernardins;(1) le souvenir de S. Bernard, qui, selon une tradition respectable, serait venu à Sénanque et aurait contribué à sa fondation ; l'état du monastère entouré de terres assez fertiles, tout avait bien convenu au Révérend Père Marie Benoit. Il y avait bien des ruines à relever, bien des réparations à faire ; mais les parties principales, la vaste et belle église abbatiale, le cloître, la salle capitulaire restaient dans leur intégrité.

(1) *Bernardus valles, colles Benedictus amabat,*
  Oppida Franciscus, celebres Ignatius urbes.

Plus que jamais animé du désir de faire l'acquisition de Sénanque, l'abbé Barnouin consulta plusieurs de ses amis.

Le Révérend Père Bonaventure, Abbé de la Trappe d'Aiguebelle, lui répondait le 19 mars 1854 : « Je vous verrai avec la plus grande satisfaction vous établir à Sénanque. Je fais les vœux les plus ardents pour que vous puissiez réussir. »

Le même jour, M. Faure, économe du grand séminaire d'Avignon, lui écrivait aussi : « J'approuve fort votre projet de transporter votre Communauté à l'abbaye de Sénanque, pourvu que le propriétaire vous offre des conditions raisonnables. Je comprends, comme vous, qu'une Communauté qui est toujours dans le provisoire ne peut marcher. Négociez prudemment cette affaire, et terminez-la le plus tôt possible. J'aime à croire qu'après vous avoir fait passer par tant d'épreuves, la divine Providence bénira votre œuvre et la fera prospérer. Mettez toute votre confiance en Dieu et en la Sainte Vierge, et vous ne serez pas confondu. »

Fortifié par ces bons conseils et ces encouragements, le Révérend Père Marie Benoit se mit en relations avec le propriétaire de Sénanque, qui était à l'Isle, son compatriote et l'ami de sa famille. C'était M. de Pluvinal aîné, dont la femme Louise d'Alix de l'Éouse possédait le monastère de Sénanque et les terres qui l'entourent, comme héritière de sa tante Honorine de l'Éouse.

M. de Pluvinal, ne retirant que de bien minces revenus de la propriété de sa femme, n'y avait fait aucune réparation, aucune amélioration ; mais il n'y avait rien détruit. Plusieurs fois on avait voulu la lui acheter : le Gouvernement de Juillet lui avait fait des propositions ; les bandes noires auraient voulu faire cette acquisition, pour tout détruire, et spéculer sur la vente des pierres ; l'industrialisme s'était aussi promis de triompher de la difficulté des chemins, pour convertir l'abbaye en usine. Tous les intérêts matériels avaient convoité Sénanque, tous l'auraient bien payé. Mais M. de Pluvinal repoussait toutes ces propositions. Il aimait mieux conserver sa propriété sans revenus, que de la livrer, même à beaux deniers comptants, à des mains dévastatrices. Il attendait patiemment le jour où le ciel ramènerait des Religieux à l'abbaye de Sénanque, pour la leur remettre exempte de toute profanation. Aussi lorsque l'abbé Barnouin vint lui faire sa proposition de s'établir à Sénanque avec sa Communauté, il l'accueillit parfaitement bien. Ils se trouvèrent bientôt d'accord sur le prix de vente du monastère et des terres attenantes. Mais l'acquéreur ne pouvait donner le moindre acompte. Il avait seulement en perspective les ressources que lui fournirait la Providence, en laquelle il avait une entière confiance. Il ne pouvait pas même payer les frais d'enregistrement de l'acte de vente. Alors le vendeur consentit à signer un acte sous seing privé, déterminant le prix de vente 35.000 francs, qui seraient payés dans le délai de vingt ans. Il eut confiance dans la confiance si vive et si sincère de son acquéreur, et il n'eut pas à s'en repentir. Au bout de trois ans, il fut payé intégralement; le 29 avril 1857, fut passé devant le notaire de Gordes l'acte de vente, par lequel M. Barthélemy Pézénas de Pluvinal vendait à Luc Léon Patrice Barnouin le monastère de Sénanque et le tènement de terres en dépendant. La Providence avait admirablement répondu à l'appel du restaurateur de Sénanque.

Cependant l'abbé Barnouin avait stipulé que cet acte sous seing privé serait nul, s'il n'obtenait l'assentiment du Chapitre de sa Communauté, et l'approbation de Monseigneur l'Archevêque.

10· Avec l'assentiment de ses Religieux et l'approbation de son Archevêque, l'abbé Barnouin quitte la Cavalerie et transfère sa Communauté à Sénanque.

Après avoir conclu, à l'Isle, l'achat de Sénanque, le Révérend Père Marie Benoît retourna à la Cavalerie, et s'empressa de rendre compte à ses Religieux du voyage qu'il venait de faire ; il leur fit la description de l'antique abbaye de Sénanque, de son site, de l'état de conservation des parties principales du monastère ; il leur indiqua les avantages qu'il offrait à leur Communauté, et les conditions auxquelles il pouvait l'acquérir, pour aller s'y établir avec ses Religieux ; mais il ajouta qu'il ne voulait rien faire sans leur assentiment, et qu'il les réunirait en Chapitre le dimanche suivant pour prendre leurs avis.

Il donna à cette réunion la plus grande solennité, ainsi que le relate le procès-verbal qui fut signé par les Religieux et envoyé à l'Archevêché (voir ce procès-verbal : appendice n° 1).

Ce fut le dimanche des Rameaux, 9 avril 1854, que le Révérend Père Marie Benoît convoqua en Chapitre extraordinaire tous ses *Frères profès*, qui étaient au nombre de douze, et il leur adjoignit, comme secrétaire, le *Frère Bernard*, prêtre, qui n'était encore que novice.

Après avoir invoqué les lumières du Saint Esprit, il leur adresse une chaleureuse allocution : il leur expose les motifs qu'il y avait à quitter la Cavalerie, ainsi que la possibilité et les avantages de se transférer à Sénanque ; il ne leur dissimula pas les travaux qu'il faudra entreprendre, les privations qu'il faudra endurer ; il fait appel au dévouement de ceux qui voudront le suivre et le seconder. « Ceux qui me donneront leur adhésion, ajoute-t-il, la signeront dimanche prochain. En attendant ce saint jour de Pâques, que ceux qui se sentent assez fortifiés par la grâce, pour accepter et boire jusqu'à la lie le calice, que le Seigneur leur présente, dans ces jours où nous allons méditer les mystères ineffables de sa Passion, répondent à l'appel nominal que je vais faire, et fassent connaître franchement leurs intentions. »

Sur les treize *Frères* présents au chapitre, il y en eut onze qui donnèrent leur entière et franche adhésion, assurant qu'ils se trouvaient véritablement heureux de pouvoir faire un sacrifice à Dieu, et de donner à leur Supérieur un nouveau témoignage de leur confiance.

Deux *Frères* demandèrent à réfléchir, et le Révérend Père annonça, que ceux qui, le jour de Pâques, ne seraient pas disposés à signer leur adhésion, seraient remplacés par autant de *Frères novices* élus par les adhérents.

Restait à obtenir l'approbation de Monseigneur l'Archevêque. Quand, un an auparavant, on lui avait parlé pour la première fois du projet d'acheter Sénanque, il avait refusé de l'approuver : se jeter dans de si grandes dépenses, sans avoir le premier sou pour les payer, lui paraissait une trop grande imprudence. Nous ignorons si, avant de signer l'acte sous seing privé de l'achat de Sénanque, le Révérend Père Marie Benoit avait informé Monseigneur de ses négociations avec M. de Pluvinal, ou s'il préféra ne lui soumettre cette acquisition, que lorsqu'il ne manquerait plus que son approbation pour la rendre irrévocable. Nous savons seulement que le jeudi de la semaine de Passion, 6 avril, il écrivit à Sa Grandeur, pour lui exposer les motifs qui l'avaient inspiré d'aller de l'avant, et de passer l'acte d'achat de Sénanque. Cette lettre, nous n'avons pu la retrouver ; mais nous avons lieu de croire qu'il l'écrivit, comme il savait si bien faire, avec l'ardeur de son cœur, et l'enthousiasme de sa confiance en la Providence de Dieu. Il fut éloquent, puisqu'il gagna sa cause, et sut inspirer à son Archevêque une décision tout opposée à celle qu'il avait donnée peu de temps auparavant.

En effet Monseigneur ne tarda pas de lui répondre ; le 11 avril, mardi de la semaine sainte il lui écrivait : « En apprenant l'acquisition que vous avez faite de Sénanque, et surtout en lisant les motifs qui vous ont inspiré d'aller en avant, et dont vous me rendez compte par votre lettre du 6 courant, je me suis cru autorisé à dire : *Dieu le veut.* J'ai donc confiance en l'avenir de votre œuvre, qui est entièrement fondée sur l'esprit de sacrifice, l'abnégation personnelle, et le pieux désir de conduire à la perfection qui leur est propre, les bons *Frères* qui se sont unis à vous. Dieu ne l'abandonnera pas, et il la soutiendra dans son développement.

« Mais si vous avez pu, en dehors des règles de la prudence humaine, acquérir des ruines qu'il vous sera donné de réparer, pour y établir votre famille spirituelle ; n'oubliez pas un seul instant, que vous avez dès lors une grosse dette à acquitter, et que si vous pouvez compter sur la charité des fidèles, la plus sûre des économies est celle qui résulte de la discipline, de l'ordre et du travail. La charité des fidèles ne vient qu'après, et comme sanction de ces conditions indispensables à l'existence de toute Communauté religieuse.

« Vos dispositions personnelles, qui me sont connues, et que vous faites partager à votre Communauté, me sont une précieuse garantie de l'accomplissement de mes vœux, et justifient pleinement les bénédictions toutes particulières que je répands sur vous et sur votre œuvre.

« Recevez, mon cher abbé, la nouvelle assurance de mon affectueux dévouement.

† J. M. M. Arch. d'Avignon.

En lisant cette lettre qui comblait tous ses désirs, le Révérend Père Marie Benoit, dut dire un joyeux *Nunc dimittis,* puisqu'elle lui donnait l'entière liberté de sortir, non pas de cette vie, car il lui restait à faire encore une longue course à parcourir, mais de la Cavalerie, pour venir à Sénanque, Le dimanche suivant, 16 avril, saint jour de Pâques, il réunit tous ses *Frères* et il leur lut la lettre de Monseigneur l'Archevêque. Ce fut pour tous un grand sujet de joie; il admirèrent la conformité des sentiments de leur Supérieur avec ceux du Premier Pasteur du diocèse. A l'exception de deux *Frères* qui s'abstinrent, tous les autres signèrent le procès-verbal de la séance capitulaire, où l'on décida de quitter la Cavalerie pour se transférer à Sénanque.

Cette décision fut bientôt connue, et de partout arrivèrent des félicitations et des témoignages de satisfaction. Dom Bonaventure, abbé de la Trappe d'Aiguebelle, fut un des premiers à exprimer sa joie. Il écrivit le 6 avril au Révérend Père Marie Benoît : « Je viens d'apprendre aujourd'hui avec un singulier plaisir, que vous venez de faire l'acquisition de l'abbaye de Sénanque. Je vous en félicite, ce sera pour la plus grande gloire de Dieu. Je désire beaucoup d'aller, après Pâques, visiter ce monastère, je serai heureux de vous y rencontrer ; nous pourrons nous entendre pour cela. »

M. Sermand témoigna aussi son contentement : « J'ai appris avec beaucoup de plaisir, écrivit-il au Père Barnouin, l'acquisition de Sénanque. Je voyais avec une vive peine cette superbe église, avec son beau cloître, servir de remise ; je la verrai maintenant rendue au culte, et habitée de nouveau par des Religieux. Il faudra cependant payer. La Providence viendra à votre secours, je le désire bien sincèrement. »

M. Rose, curé de Lapalud, avec le style qui le distingue, envoya aussi ses félicitations et ses encouragements. Il écrivit à son ancien vicaire: « Mon cher ami, je vous félicite de l'heureuse et excellente idée que votre zèle vient d'accomplir, en faisant l'acquisition de l'illustre abbaye de Sénanque. La chose est si belle et si glorieuse pour la Religion, que le Ciel, il ne faut pas en douter, bénira vos efforts, pour conduire à bonne fin cette difficile entreprise. Je vous remercie de m'avoir donné, comme à un de vos bons amis, les prémices de cette gracieuse nouvelle. Elle est déjà dans le domaine de la publicité, et les journaux l'ont louée, chacun de son point de vue. Il faut espérer que ces organes de l'opinion publique, en faisant connaître l'importance de cette acquisition, détermineront le zèle des fidèles à s'associer de cœur et de fait, à une œuvre aussi sainte que celle à laquelle vous travaillez, avec la ferveur d'un apôtre. Veuillez me tenir au courant de toutes les phases, par où devra nécessairement passer cette affaire, à laquelle je m'intéresse beaucoup. Puis, quand vous serez installé à Sénanque, vous y recevrez la visite de votre ancien curé de Lapalud. »

Plusieurs amis de la Religion et des arts témoignèrent aussi leur grande satisfaction ; car, disait-on, la restauration de Sénanque touchait à tous les intérêts ; il s'agissait de rendre à la Religion un monastère, aux arts un monument, aux amis de la solitude chrétienne un asile assuré contre les séductions du monde, aux âmes froissées par le malheur un asile de paix qui puisse les consoler, en leur montrant le ciel.

Cependant, à côté des hommes qui avaient reconnu le bon esprit du Père Barnouin, et le regardaient comme l'élu de Dieu, pour remplir une grande mission, il s'en trouvait d'autres qui, n'ayant que les vues de la prudence humaine, ne comprenaient pas comment, dénué de toutes ressources, il avait pu songer à faire une si importante acquisition ; ils l'accusaient de témérité, de présomption et de folie, et ils prédisaient sa prochaine banqueroute, et le fiasco complet de son entreprise.

La *Revue des bibliothèques*, dans son numéro du 29 avril
après avoir relaté l'acquisition de Sénanque par l'abbé
Barnouin, avait ajouté : « Tout le diocèse d'Avignon
applaudira à cette heureuse pensée, et s'associera à la joie
des habitants de Gordes, qui attendent avec impatience ces
bons *Frères cultivateurs*, dont les soins et la piété rendront
à Sénanque son ancienne splendeur. » Ceux qui traitaient
l'abbé Barnouin d'incapable et de visionnaire, virent dans
ces lignes une approbation donnée par l'autorité épiscopale,
et ne se gênèrent pas pour la blamer ouvertement d'avoir
autorisé une si folle entreprise.

Mgr l'Archevêque, peu ému de ces critiques, manifesta
de plus en plus la confiance qu'il avait en l'abbé Barnouin.
Nous avons sur ce point le témoignage de son grand vicaire,
Mgr Martin, maintenant presque centenaire, mais toujours
doué de son excellente mémoire. Il nous a écrit récemment :
« Je me rappelle, comme si c'était d'hier, la scène qui se
passa, en 1854, peu de temps après Pâques, au presbytère
de la paroisse des Imberts, où j'accompagnais Monseigneur
Debelay, dans sa visite pastorale. M. le Curé avait invité à
sa table ses amis et ses confrères voisins ; à peine Monsei-
seigneur avait-il achevé le *Benedicite*, que M. D... un des
critiques qui parlaient le plus, lui adressa une question à
brûle-pourpoint ; il croyait mettre son Archevêque un peu
dans l'embarras, et en obtenir un blâme pour le récent
acquéreur de Sénanque. Savez-vous, Monseigneur, lui dit-il,
que le pauvre abbé Barnouin, qui est sans le sou, vient
d'acheter Sénanque au prix de 35.000 francs ? — Tous les
assistants attendirent silencieux la réponse. — Monseigneur,
après s'être recueilli un instant, répondit : M. le Supérieur,
si M. l'abbé Barnouin a acheté Sénanque, c'est sans
m'avoir consulté ; s'il était un industriel, je n'hésiterais pas
à le condamner, mais je le tiens pour un homme de Dieu,

et j'ai confiance en lui. M. D... ne dit plus le mot sur cette affaire, et la conversation prit un autre courant. »

Le Frère Joseph a rapporté dans ses souvenirs, que M. Isnard, curé-doyen de Gordes, demanda aussi à Monseigneur Debelay, s'il avait approuvé que l'abbé Barnouin vienne s'établir à Sénanque avec sa Communauté. « Oui, je l'ai approuvé, répondit Monseigneur, et si j'avais cent mille francs, je les lui donnerais bien volontiers, pour payer tout de suite, et restaurer cette belle abbaye. »

Le Père Barnouin fortifié par l'approbation et la bienveillance de Monseigneur l'Archevêque et par l'adhésion et le dévouement de ses Religieux, pardonnait de bon cœur à ceux qui le critiquaient, et ne songeait qu'à venir au plus tôt s'établir à Sénanque.

Au XVIᵉ siècle, lorsque des Religieux venaient reprendre possession d'un monastère saccagé par les hérétiques, ils s'y rendaient en procession. Arrivés devant la porte de l'église, les moines chantaient le verset du *Miserere : Benignè fac...* et à ces paroles : *Tunc acceptabis sacrificium justitiæ*, les portes du temple s'ouvraient, et après avoir achevé les cérémonies de la purification, on offrait le *sacrifice de justice* (1). Ces touchantes cérémonies ne purent se renouveler, lorsque, le 26 avril 1854, le nouveau possesseur de Sénanque, y arriva modestement avec quatre de ses Religieux. On n'y avait pu faire aucune réparation. Le cloître était encombré de bois et de feuillage, le sol de l'église était bouleversé ; toutes les toitures devaient être réparées. La petite Communauté s'installa comme elle put dans des appartements délabrés, et se mit bravement à l'œuvre pour faire les réparations et appropriations les plus urgentes.

(1) Ce cérémonial a été extrait, par M. Canron, d'un vieux Rituel de l'abbaye des Hautes-Rives en Suisse.

Le Père Supérieur était souvent obligé de retourner à la Cavalerie, où il avait laissé le plus grand nombre de ses Religieux, pour faire la récolte des champs qu'ils avaient ensemencés. « Je viens de visiter la Cavalerie écrivait-il, à Monseigneur l'Archevêque, le jour de l'Ascension, 25 mai, Mes *Frères* vont bien, ils n'ont qu'un désir celui de venir à Sénanque chanter tous ensemble : *Ecce quàm bonum et quàm jucundum habitare fratres in unum !* Mais je trouve excessivement pénible, pour ma santé, pour ma petite bourse aussi, et fort dérangeant pour le travail de Sénanque, de falloir aller, au moins tous les quinze jours, à la Cavalerie, pour confesser tous ceux qui y restent. »

Quelques jours auparavant, il avait écrit à Monseigneur : « On conçoit à peine, avec quelle satisfaction la nouvelle de l'acquisition de Sénanque a été reçue universellement. Prêtres et laïques sont unanimes pour louer la divine Providence en cette occasion. J'ai déjà reçu un grand nombre de félicitations.... Je ne sais comment nous nous arrangerons avec ces Messieurs d'Aix. Je pense qu'il ne seront pas trop généreux. M. Conil ne m'a encore rien répondu. M. Figuière, de qui j'attends plus, me dit dans sa dernière lettre: avant de quitter, il faudra nous arranger pour sauvegarder les droits de chacun. »

Le 12 avril, le Père Barnouin en annonçant à M. Figuière, qu'il allait s'établir à Sénanque lui avait dit que sa Communauté quitterait la Cavalerie, après la récolte du blé, et M. Figuière, qui avait cédé la Cavalerie à M. l'abbé Fissiaux fondateur de la Société de Saint Pierre-ès-Liens, écrivait le 28 juillet au Père Barnouin : « M. Fissiaux a déjà envoyé ici son monde, c'est-à-dire le futur Supérieur et l'économe de la Cavalerie, pour voir les lieux et tout ce qu'il y aura d'abord à faire, pour recevoir les *Frères*, qui doivent y continuer leur noviciat, et y préparer les terres pour les ensemencer.

« Il faut donc voir si vous serez prêts à partir, après la récolte, ou bien s'il vous faut plus de temps, et à peu près à quelle époque un peu fixe. Vous m'avez dit dans votre lettre du 12 avril dernier, que je dois pourvoir à la Cavalerie, après la récolte du blé. Pour les arrangements que nous devons prendre, dites-moi quelles sont vos prétentions, et puis nous tâcherons de nous rapprocher. Répondez-moi au plus tôt, et je serai de mon côté très raisonnable.

Je vous embrasse, tout à vous.

FIGUIÈRE, *Chan.*

On voit par cette lettre que M. Figuière, tout en se séparant du Père Barnouin, avait pour lui une grande estime et une véritable affection, et qu'il était disposé à mettre beaucoup de bonne volonté dans les arrangements à prendre. Les négociations durèrent quelque temps et finirent par aboutir. Le 21 octobre, le Père Barnouin écrivait à M. Peyre, vicaire général et président de la Commission de Sénanque : « La divine Providence veille sur nous. Le dévouement et les dispositions de tous mes *Frères,* ainsi que l'arrangement que je viens de conclure avec ces Messieurs d'Aix, me consolent bien de toutes mes peines et de tous mes soucis. Tout est allé selon mes désirs, avec les 8.350 francs que M. Figuière doit me compter, je payerai toutes mes anciennes dettes, et il me restera encore quelque chose pour Sénanque. » Il ne se trompait pas, dans le règlement de tous comptes, qui ne fut conclu que le 17 novembre 1858, il lui resta 1137 fr. 14 c. ; mais alors il n'en avait plus besoin pour payer Sénanque, dont le prix d'achat était soldé intégralement depuis dix-huit mois.

Pendant les quatre à cinq ans qu'il resta à la Cavalerie, le Père Barnouin avait eu bien des dépenses à payer, pour nourrir sa Communauté et pour faire les réparations et les améliorations nécessaires. Afin d'arrondir le domaine du monastère, il avait acheté quelques terres, qui lui avaient coûté environ 5.000 francs, et il avait contracté quelques dettes. Mais le *Frère* Joseph disait aux créanciers : « Allez, personne ne perdra un sou. En effet, M. Figuière et M. Conil ayant cédé la Cavalerie avec toutes ses charges actives et passives à M. Fissiaux, c'est avec ce nouveau Supérieur que le Père Barnouin eut à traiter, pour son règlement de compte. Par acte du 17 octobre 1854, passé à Apt, il vendit les terres qu'il avait adjointes au domaine de la Cavalerie, à MM. Charles Fissiaux, directeur de la maison centrale d'éducation correctionnelle de Marseille, François Arnaud et André Rouget, prêtres, demeurant à Marseille. Avec le prix de cette vente tous les créanciers furent payés, et il resta au vendeur une somme de plus de mille francs.

Au mois d'octobre 1854, le Père Barnouin avait réuni tous ses Religieux à Sénanque, et les avait tous retirés de la Cavalerie. Ce ne fut pas sans un déchirement de cœur, qu'il quitta définitivement ce monastère aimé, où il avait été heureux de faire ses premiers essais de la vie religieuse, et de former ses premiers disciples. Il avait prié, travaillé et pris de la peine. Il avait correspondu aux desseins de Dieu qui bénissait ses efforts, et il avait obtenu un résultat qui allait lui donner le moyen de faire des œuvres encore plus grandes. — En quatre ans, il avait formé une Communauté de vingt religieux, profès ou novices, sans lesquels il n'aurait jamais pu entreprendre les œuvres, qu'il accomplit d'abord à Sénanque et ensuite à Lérins.

En disant adieu à la Cavalerie, son cœur reconnaissant promit bien de ne jamais l'oublier, et longtemps après l'avoir quittée, il écrira à son bon *Frère* Joseph : *J'aimerai toujours mon berceau de la Cavalerie.*

III

LA CAVALERIE APRÈS LE DÉPART DU R. P. BARNOUIN
1854-1900

Pour remplacer le Révérend Père Barnouin, MM. les Chanoines Figuière, et Conil s'adressèrent au Révérend Père Fissiaux fondateur de la Société de Saint-Pierre-ès-Liens, et directeur de la maison centrale d'éducation correctionnelle à Marseille. Ils lui transmirent à de bonnes conditions tout ce qu'ils possédaient à la Cavalerie, et ils lui demandèrent d'y établir un orphelinat agricole, sous le haut patronage de Monseigneur l'Archevêque d'Avignon. Le Révérend Père Barnouin vendit aussi à ses successeurs, au prix de sept mille francs la campagne de Goland et deux autres parcelles de terre, qu'il avait achetées pour arrondir l'ancien domaine des Templiers. Dès le mois d'août 1854, les Frères François de Sales et Louis de Gonzague y arrivèrent et trouvèrent encore plusieurs des Religieux du Révérend Père Barnouin, qui achevaient d'y faire les diverses récoltes. Sitôt que ces bons Frères eurent fini leurs travaux, et furent partis pour se rendre à Sénanque, le Révérend Père Fissiaux commença son œuvre à la Cavalerie ; il amena aux deux Frères qui remplissaient les fonctions de Supérieur et d'Econome, quatre frères et trois orphelins.

Le *Frère* Joseph Signoret n'avait pas suivi le Père Barnouin à Sénanque. Il n'avait pu se résoudre à quitter la Cavalerie, à s'éloigner de ce monastère qu'il avait relevé de ses ruines, de ce domaine qu'il avait défriché. Il le regardait un peu comme son royaume, et il en admirait les

NOTRE-DAME DE LA CAVALERIE
(1900)

beaux fruits.... *mea regna videns mirabor aristas !* Eh
quoi ! se disait-il, un nouveau venu possèdera ces champs
si bien cultivés, un étranger viendra récolter ces moissons !
C'était ce que disait le berger Mélibée, qu'on voulait
expulser de son petit domaine :

Impius hæc tam culta novalia miles habebit !
Barbarus has segetes !

Ces craintes tardèrent à se réaliser ; l'*Impius miles* ne devait
venir que vingt-six ans plus tard, et le *Frère Joseph* eut la
ioie de voir arriver à la Cavalerie les Religieux de M. l'abbé
Fissiaux. Il demanda et il obtint d'être admis au nombre
des *Frères de Saint-Pierre-ès-Liens* ; il ne put conserver
son nom de *Frère Joseph*, qu'on avait déjà donné à un
autre ; il fut appelé *Frère Pascal*. Il fut heureux de rester
à la Cavalerie jusqu'en 1880, et alors, quand on vint, *manu
militari*, appliquer les décrets d'expulsion, il fut obligé de
partir, et de se rendre à l'orphelinat de Ste-Anne, où l'obéissance l'envoya. Lui aussi regretta toujours sa chère
Cavalerie.

Après une absence de quelques mois, en juillet 1855
le Frère Louis de Gonzague revint comme Supérieur
à la Cavalerie. Il a eu l'obligeance de nous écrire quelques
détails, sur la bonne œuvre que la *Société de Saint-Pierre-
ès-Liens* a été heureuse d'y faire, pendant vingt-six ans :
« Monseigneur l'Archevêque nous avait d'abord demandé
de faire un orphelinat diocésain ; mais il reconnut bientôt
que notre vieux monastère, se trouvant à cent kilomètres
d'Avignon, était trop éloigné, et surtout pas assez central,
et il renonça à son projet. Alors notre bon Père Fissiaux,
tout en nous laissant nos trois orphelins, nous amena une
centaine des plus jeunes détenus, qui se trouvaient dans
notre maison de Marseille, et dans celle que nous avons à
Beaurecueil près d'Aix. Ce fut une heureuse idée, ces

enfants, dont les plus âgés n'avaient guère que onze ans, grandirent et prirent goût aux travaux des champs,. et devinrent de très bons sujets. A leur sortie, ils furent presque tous placés chez des cultivateurs, et la plupart, après avoir été quelques temps domestiques, finirent par se marier honorablement dans les pays voisins.

« Nos trois premières années furent pénibles ; nous avions beaucoup de terres à cultiver, mais elles étaient maigres, et par cela même peu productives ; nous étions à l'époque de la guerre de Crimée, les vivres étaient très chers, le blé se vendait 65 frans les huit doubles décalitres ; enfin malgré des difficultés multiples et inévitables dans notre nouvelle fondation, nous avons pu, avec une population d'environ cent trente personnes, passer trois ans sans la moindre maladie ; ce qui prouve la bonté du climat autant que les soins attentifs prodigués aux enfants.

« En septembre 1858, je fus remplacé par le bon Père Galfard, qui continua le bien que j'avais commencé, et fit mieux que moi. Les difficultés avaient bien diminué, nos champs avaient été améliorés, et les enfants étant plus grands travaillaient davantage. A la mort de notre bien regretté Père Fissiaux, le Père Galfard fut remplacé à la Cavalerie par le Père Rousset. Celui-ci ayant été nommé, en 1869, Supérieur de la maison de Ligny-en-Barrois, le Père Galfard revint à la Cavalerie. Les détenus allaient toujours très bien, les Inspecteurs n'avaient que des éloges à nous faire ; mais il y avait une difficulté à vaincre. Nos jeunes détenus, pris dans nos maisons de Marseille et de Beaurecueil, étaient sous la dépendance et la surveillance du Directeur des prisons des Bouches-du-Rhône, et ils résidaient dans le département de Vaucluse. Il y avait ainsi deux Directeurs qui prétendaient chacun exercer leur direction sur notre maison. Pour trancher ce différend, M. le Ministre ordonna de réintégrer les jeunes détenus dans nos

maisons de Beaurecueil et de Marseille. Alors le Père
Galfard établit le pensionnat qui a prospéré jusqu'à l'*expulsion*. »

Le Père Jacques était seul à la Cavalerie, lorsque les
crocheteurs se présentèrent. S'attendant un peu à leur visite,
il avait rendu ses pensionaires à leurs parents, et il n'avait
gardé auprès de lui que M. le Curé de la Bastide-des-Jourdans, (1) et deux braves voisins. Dans une lettre datée du
13 novembre 1880, il raconta comment les décrets d'ex-

(1) M. E. Michel Curé, alors de la Bastide, et maintenant de Sainte-
Colombe, nous a fait le récit suivant qui complète celui du Père Jacques :
« Le samedi 6 novembre, en prévision de l'exécution des décrets, le Père
Jacques m'avait appelé à la Cavalerie, avec deux voisins M. Lachaud et le
fermier du monastère, pour lui servir de témoins. C'était une heure après-
midi, lorsque nous vîmes descendre de la colline une voiture escortée par
des gendarmes.
» Le Père Jacques fait fermer les portes, et lorsque le sous-Préfet arrive
avec le Procureur de la République et des Commissaires de police, il vient
frapper à la porte. Le Père, paraît à la fenêtre, et demande ce qu'on lui
veut.
» Le sous-Préfet est tout étonné de voir que la porte ne s'ouvre pas ; il
avait reçu du maire de la Bastide l'assurance, qu'aucune résistance ne
serait faite à la Cavalerie, à cause de son isolement ; et il trouvait les portes
bien fermées, et il voyait accourir tous les habitants des campagnes voisines. J'ai l'ordre, dit-il, de mettre ici à exécution les *décrets* contre les
Congrégations. — Mais, lui répond le Père Jacques, il n'y a rien à exécuter
ici. Je suis seul, avec M. le Curé et deux voisins. La maison m'appartient,
je suis chez moi. — Je dois accomplir les ordres que j'ai reçus ; si vous
refusez d'ouvrir, je fais enfoncer la porte. — Faites ce que vous voudrez,
vous en serez responsable.
» Le sous-Préfet qui ne s'attendait pas à cette résistance n'avait pas
amené de crocheteur. Il dit aux gendarmes d'enfoncer la porte. — Nous
sommes ici pour vous protéger, lui répondent-ils, et non pour briser des
portes. Il faut alors envoyer chercher un serrurier. Au bout d'une heure,
on amène un gros italien, qu'on avait hébergé et fait travailler bien souvent à la Cavalerie. Au lieu de briser la porte principale qui était solide, il
va s'attaquer à une porte basse du côté du levant. Il frappe à coups de
marteau, mais la porte résiste.
» Le sous-Préfet, pâle et impatienté, vient dire au Père Jacques : Vous
affirmez que vous êtes seul, je dois le constater. — Si vous ne voulez que
cela, je vais vous ouvrir. Le sous-Préfet, entre, et prenant un air plus doux,
il constate que le Père Jacques est seul avec ses trois témoins. Cependant
il déclare qu'il va faire mettre les scellés sur les portes de la chapelle. J'ai
beau lui dire, que les habitants du voisinage, fort éloignés des églises paroissiales, sont heureux de venir entendre la messe à la Cavalerie. J'ai l'*ordre* de fermer la chapelle ; faites une pétition à M. le Préfet, je l'appuirai.
» Le Père Jacques très ému ne se sent pas la force d'aller enlever la
sainte Réserve, il me prie de faire. Lorsque je fus devant le saint taberna-
cle, je ne pus m'empêcher de pleurer, en prenant le divin Prisonnier,
pour le transporter dans une chambre, où l'on avait dressé un petit autel.
» Le sous-Préfet, aidé de son entourage, se hâte de mettre les scellés sur
les portes extérieure et intérieure de la chapelle, et sitôt qu'il a achevé
cette triste opération, il part avec toute son escorte. »

pulsion furent mis à exécution dans son monastère.
« Samedi dernier, 6 novembre, à 1 h. après-midi.
J'étais en compagnie de M. le Curé de la Bastide-des-
Jourdans, et de deux voisins venus exprès, pour me servir
de témoins, en cas de besoin, quand sont arrivés MM. le
Sous-Préfet d'Apt, le Procureur de la République, le
Commissaire de police de Pertuis, la brigade de gendarmerie
de la Bastide, et le lieutenant de Pertuis.

« J'étais seul dans la maison avec les trois personnes
dont j'ai déjà parlé ; je me présente à la fenêtre qui est au-
dessus de la porte d'entrée. — Le Sous-Préfet ayant demandé le Supérieur, je lui réponds qu'il n'y en a point, et
qu'il parle au propriétaire et gardien de l'immeuble. Il me
fait connaître le but de sa visite, et je lui dis que je n'avais
pas à entendre la notification de l'arrêté préfectoral, attendu
qu'il n'y avait plus de Communauté dans la maison de la
Cavalerie. Je lui déclare en outre que je suis co-propriétaire
de la campagne et constitué gardien de l'immeuble, et
qu'il ne pouvait entrer dans mon domicile contre mon gré,
sans s'exposer à toutes les poursuites prévues par
la loi.

« Alors, d'une voix douce et suppliante, le Sous-Préfet,
pâle comme la mort, me dit que c'était assez protesté, et
demande que je veuille bien lui ouvrir... Mais je lui réponds
toujours la même chose, en insistant toutefois, sur ce que la
maison de la Cavalerie était devenue une demeure particulière.

« *J'ai des ordres*, dit le Sous-Préfet et je vais faire frac-
turer la porte.— Mais l'ouvrier n'étant pas encore là, et pour
ne pas perdre de temps, on va d'abord poser les scellés à la
porte extérieure de la chapelle. Cela fait, le Sous-Préfet me
demande de nouveau, tandis que le Commissaire commande l'ouvrier, qui se met à l'œuvre et cherche à ébranler
une porte en-dessous de la maison.

« Alors je me présente et je consens à ouvrir, afin que le Sous-Préfet puisse constater la vérité de la déclaration que je lui avais faite. Après avoir examiné mes titres, il me dit que s'il avait connu la dissolution de la Communauté, il ne serait pas venu. Ce qui ne l'empêcha pas, toujours pour exécuter *ses ordres*, de fermer encore la porte intérieure de la chapelle. Toutefois, lui ayant dit que la chapelle était devenue une propriété privée et ayant protesté contre la fermeture qui blessait mon droit de propriétaire, il me dit que je n'avais qu'à en référer à M. le Préfet, et me promit de me faire rouvrir la porte. Cela terminé, il partit sans avoir visité la maison. J'ai adressé ma demande il y a deux jours, je ne sais si elle sera écoutée. »

Après l'expulsion de 1880, les Religieux de *Saint-Pierre-ès-Liens* cessèrent de résider à la Cavalerie ; ils en conservèrent quelque temps la propriété et la louaient à un fermier. En 1892 ils la louèrent à M. du Roure qui essaya d'y installer un moulin à farine, actionné par les eaux du grand bassin. Cet essai n'ayant pas réussi, la Cavalerie fut vendue à M. Eymon de Marseille, qui la garda un peu plus d'un an, et la vendit à son tour à M. Méla, entrepreneur de maçonnerie à Marseille. Ce propriétaire actuel de la Cavalerie y habite avec sa famille une partie de l'année. Depuis quelque temps on avait fait de la chapelle un lieu de débarras, une remise de ferme ; M. Méla l'a débarrassée de tous les objets qui l'encombraient, et la tient dans un état très convenable. En sa qualité d'entrepreneur il sait conserver en bon état les diverses parties de l'habitation, et il fait cultiver avec soin toutes les terres qui composent le domaine.

Quand est-ce que la Cavaleriere redeviendra un monastère habité par des Religieux ? C'est le secret de Dieu.

APPENDICE N° 1

Délibération *prise au Chapitre tenu, au Monastère de la Cavalerie, par les Religieux* Bénédictins *de l'*Immaculée Conception de la Bienheureuse Vierge Marie, Mère de Dieu, *ayant pour objet la translation de leur Maison mère, dans l'antique abbaye de Sénanque, paroisse de Gordes, diocèse d'Avignon.*

L'an 1854, et le 9 avril, jour du dimanche des Rameaux, après la célébration du saint sacrifice de la Messe, à laquelle la Communauté a participé au corps et au sang de N. S. Jésus-Christ, dans la sainte Communion, le Révérend Père a convoqué en chapitre extraordinaire, les Frères et le Père dont les noms suivent, savoir: les Frères *Joseph Stanislas, Antoine, Fidèle, Claude, Auguste, Pierre, Michel, Casimir, Honoré, Théodore, Marius,* et par faveur spéciale, le Père *Bernard,* prêtre novice, pour remplir les fonctions de Secrétaire.

Après avoir invoqué les lumières de l'Esprit-Saint, le Révérend Père nous a dit, qu'il appelait ses *Frères* au nombre de douze, à l'imitation de N. S. Jésus-Christ dans le choix de ses douze Apôtres, afin de faire reposer sur eux. comme sur douze colonnes, l'exécution du projet dont il allait leur rendre compte, après leur avoir exposé les motifs de sa détermination. Il a ensuite dit :

1° Que l'esprit de la Règle de notre Père S. Benoit veut, que les Religieux qui la suivent vivent dans la retraite de leur monastère entièrement, séparés de tout contact avec les séculiers, afin de pouvoir plus facilement vivre de la vie intérieure, par l'exercice de la méditation jointe à la mortification, à la prière et aux travaux manuels, dans une union intime avec Dieu.

2° Que *Notre-Dame de la Cavalerie* est bien loin de pouvoir procurer les moyens d'obtenir un résultat si désirable, eu égard à la position et à la distribution du local.

3° Qu'après bientôt cinq ans d'une vaine attente, et malgré les promesses officieuses qui souvent lui avaient été faites, il avait désespéré de pouvoir rendre sa Communauté propriétaire de *la Cavalerie.* Que dans un état de choses si précaire pour ses Frères et pour lui, il avait cru urgent et de son devoir de chercher les moyens d'assurer leur avenir ; que pour ces motifs il avait pensé à les transférer dans un lieu plus convenable avec de meilleures garanties de stabilité ; qu'après avoir eu recours à la prière, et après avoir pris conseil de plusieurs personnes recommandables par leur éminente sagesse et leur grande expérience dans les choses du salut, il a obtenu du ciel l'insigne faveur de trouver le propriétaire des bâtiments et de la meil-

leure partie des terres de l'antique abbaye de Sénanque, disposé à
traiter avec lui a des conditions, moins avantageuses pour lui que
celles qu'on lui avait faites plusieurs fois, pour l'acquisition de son
domaine, qu'il avait toujours refusé de vendre. Qu'il s'était mis
d'accord avec lui, sauf le bon plaisir et l'avis de Monseigneur l'Archevêque, qu'il avait l'intention de consulter, ce qu'il n'avait pas cru
devoir faire, avant de pouvoir Lui indiquer le lieu de sa retraite,
pour mettre par là Sa Grandeur à même de lui donner son avis en toute
connaissance de cause, attendant sa décision désormais, comme un jugement sans appel, et comme l'expression fidèle de la volonté de Dieu.

Puis, il a ajouté: « Je vous ai donc réunis aujourd'hui, pour vous
montrer, combien la divine Providence est attentive à nos véritables
besoins, et que le Seigneur, qui tient tout dans sa main, veille sur
ceux qui s'engagent à son service, et qui renoncent à tout, pour le
suivre, dans l'abnégation absolue de tout ce que le monde estime,
sous le joug si doux de l'obéissance, que notre divin modèle a prati-
quée jusqu'à la mort, et à la mort de la Croix. Je viens de plus faire
appel au dévouement et au courage que vous avez montrés constam-
ment, dans les travaux de tout genre, qui ont eu pour résultat l'état
florissant, dans lequel se trouvent aujourd'hui l'habitation et l'exploitation de la Cavalerie.

» Quels que soient les droits que vous m'avez donnés librement,
en me promettant devant Dieu obéissance, le Seigneur, voulant, dès
à présent, par égard pour votre faiblesse, récompenser votre fidélité
à vos engagements, m'a inspiré la pensée de vous demander, quels
sont ceux d'entre vous qui veulent se dévouer avec moi à l'exécution
des travaux nécessaires, pour tout rétablir et tout disposer dans la
nouvelle maison que nous irons fonder ensemble, car j'espère recevoir une réponse favorable de notre Révérendissime Monseigneur
l'Archevêque.

» A d'autres que vous, je dirais: rétablissez Sénanque, et vos
noms passeront à la postérité, restaurez les précieux restes de ce
monument chef-d'œuvre de l'art, et les amis des arts vous voteront
des éloges. Mais vous aimerez mieux en obtenir dans le ciel, en
venant préparer une belle demeure à vos *Frères*, pourvoir par vos
sueurs à leur nourriture, et faire retentir les louanges de Dieu dans
son temple, depuis longtemps abandonné et sans prières, sous le parvis
duquel gissent, sans honneur et dans l'oubli, les restes de tant de
saints solitaires qui nous ont précédés, et de tant d'illustres Pontifes,
dont on ne violera plus les tombeaux confiés à votre garde.

» Je ne veux pas vous dissimuler, mes biens chers *Frères*, que
ceux d'entre vous qui répondront à mon appel auront à souffrir de
grandes privations, de pénibles travaux, dans lesquels la persévé-
rance pourra seule produire quelques résultats, si Dieu, à qui nous

le demanderons tous les jours, daigne bénir nos sueurs et nos prières.

» Je dois vous dire aussi que ceux qui me donneront leur parole, soit dans ce chapitre, soit après avoir réfléchi, et consulté leurs forces et leur zèle, pour me suivre, et nous procurer une demeure convenable à la sainteté de notre vocation, signeront leur adhésion dimanche prochain, jour de la fête de Pâques, en séance générale de toute la Communauté réunie dans cette salle. Leurs signatures seront apposées au rapport que le Père Bernard est chargé de rédiger, sur la séance d'aujourd'hui et celle de dimanche prochain, et cette pièce prendra le premier rang dans nos archives de Sénanque, non pas dans l'intérêt d'une gloire vaine et périssable, et pour la satisfaction de notre amour propre; car à Dieu ne plaise, que des solitaires qui par état travaillent, selon leurs forces et la grâce qui leur est donnée, au renoncement à eux-mêmes et à tout, cherchent en rien jamais autre chose, que la seule gloire de Dieu et son amour pardessus tout.

A Dieu ne plaise, mes bien aimés *Frères*, que nous bâtissions sur le sable l'édifice, dont la divine Providence nous a montré la place.

» J'ai désiré que vos noms soient inscrits par vous-mêmes, comme la sanction de vos volontés, comme un hommage et un sacrifice fait à Dieu de vos forces physiques et morales, pour sa plus grande gloire; puisque par cet acte solennel vous vous consacrez à aller préparer de vos propres mains, et par votre industrie, une retraite assurée à tous ceux sur lesquels le Seigneur aura des vues de miséricorde, et qu'il daignera conduire dans notre solitude pour leur parler au cœur.

» J'ai désiré encore que vos noms soient conservés et demeurent en mémoire, parce que vous allez devenir non seulement fondateurs, mais aussi bienfaiteurs de la maison de Sénanque, et que aux termes de nos Constitutions vous acquerrez un triple titre à toutes les prières et bonnes œuvres de nos *Frères* présents et à venir. De plus, et pendant cent ans, il sera célébré un service spécial pour vous, chaque année, au jour anniversaire de votre entrée dans le repos du Seigneur.

» En attendant le saint jour de Pâques, que ceux qui m'ont bien compris, et se sentent fortifiés par la grâce, pour accepter et boire jusqu'à la lie, le calice que le Seigneur leur présente dans cette semaine, où nous allons célébrer et méditer les mystères ineffables de sa passion, que ceux-là, dis-je, en attendant le beau jour où notre divin modèle est ressuscité pour ne plus mourir, répondent à l'appel nominal que je vais faire, et fassent connaître leurs intentions. »

Les treize religieux y compris le F. Bernard, prêtre novice, ayant été appelés, onze ont donné une entière et franche adhésion; et ont dit qu'ils se trouvaient véritablement heureux de pouvoir faire un sacrifice à Dieu, et donner à leur Supérieur un nouveau témoignage de leur confiance, ne voyant en lui que celui qui les conduit au nom et à la place de Dieu.

Deux se sont abstenus demandant à réfléchir.

Le Révérend Père a annoncé que ceux qui, dimanche prochain, ne seraient pas disposés à signer le présent rapport, seront remplacés par autant de *Frères* novices élus par les adhérents.

Après avoir imploré avec confiance la protection de notre *Mère Immaculée*, la séance a été levée.

Aujourd'hui, 16 avril 1854, et le saint jour de Pâques, toute la Communauté s'étant réunie, le Révérend Père ayant invoqué les lumières de l'Esprit Saint pour tous, a ouvert le Chapitre par le résumé de la séance de dimanche dernier, il a ensuite donné lecture d'une lettre de Monseigneur l'Archevêque d'Avignon, qui donne son adhésion au projet ci-dessus énoncé du Révérend Père Benoit, en le félicitant, et en reconnaissant dans son entreprise, sur laquelle il répand sa bénédiction, la manifestation de la volonté de Dieu. Le Révérend Père a ordonné que cette lettre, pleine des plus précieux conseils et d'une éminente sagesse soit conservée dans les archives et annexée au présent rapport.

A la lecture de cette lettre, il a été facile de voir la véritable satisfaction de tous les *Frères*, qui admiraient la conformité de vues et de sentiments de leur Supérieur avec les vues et les sentiments du premier Pasteur.

Le présent Rapport a été ensuite lu et présenté à la signature des douze religieux, dont les noms sont relatés ci-dessus. Deux seulement se sont abstenus.

La Communauté s'est retirée, et les religieux prêts à signer ont élu les *Frères Gabriel* et *Maur* pour remplacer les deux *Frères* qui se sont abstenus.

Les autres Membres de la Communauté ayant manifesté le désir de s'associer aux douze signataires et participer à leur mérite, ont aussi signé :

F. Marie-Benoit Barnouin, *Sup.*   F. Marie-Bernard Ribadeaux.
F. Marie-Antoine Chichilianne.   F. Marie-Stanislas Vaschalde.
F. Marie-Pierre Deydier.   F. Marie-Auguste Dublet.
F. Marie-Théodore Méric.   F. Marie-Marius Gondran.
F. Marie-Casimir Brunel.   F. Marie-Gabriel Ric.
F. Marie-Maur Méjean.

Les Frères Marie-Fidèle Brémond, Marie-Claude Masse, et Marie-Michel Lombard ne sachant signer ont fait une croix †.

Ont signé aussi les Frères novices :

F. Marie-Jean-Baptiste Tressol.   F. Marie-Honoré Perriot.
F. Augustin-Victor Chabran.   F. Marie-Placide Jaubert.

Les Frères novices Marie-François Roux et Marie-Simon Jindron ne sachant signer ont fait une croix †.

TABLE DES MATIÈRES

I

Aperçu historique sur la Cavalerie

II

Le Révérend Père Marie-Benoit Barnouin, Supérieur du Monastère de la Cavalerie

III

La Cavalerie après le départ du Père Barnouin